高校社科文库
University Social Science Series

教育部高等学校
社会科学发展研究中心

汇集高校哲学社会科学优秀原创学术成果

搭建高校哲学社会科学学术著作出版平台

探索高校哲学社会科学专著出版的新模式

扩大高校哲学社会科学学科研究成果的影响力

韩国赶超经济中的 财阀制度研究

刘洪钟/著

The Chaebol system in South Korea's Catch-up Economy

光明日报出版社

图书在版编目（CIP）数据

韩国赶超经济中的财阀制度研究 / 刘洪钟著. -- 北京：
光明日报出版社，2009.10（2024.6 重印）

（高校社科文库）

ISBN 978 - 7 - 5112 - 0436 - 3

Ⅰ.①韩… Ⅱ.①刘… Ⅲ.①财团—研究—韩国②企业集团—
研究—韩国 Ⅳ.①F279.312.6

中国版本图书馆 CIP 数据核字（2009）第 186669 号

韩国赶超经济中的财阀制度研究

HANGUO GANCHAO JINGJI ZHONGDE CAIFA ZHIDU YANJIU

著　　者：刘洪钟	
责任编辑：祝　菲	责任校对：师英杰　张祎娜
封面设计：小宝工作室	责任印制：曹　诤

出版发行：光明日报出版社

地　　址：北京市西城区永安路 106 号，100050

电　　话：010-63169890（咨询），010-63131930（邮购）

传　　真：010-63131930

网　　址：http://book.gmw.cn

E - mail：gmrbcbs@gmw.cn

法律顾问：北京市兰台律师事务所龚柳方律师

印　　刷：三河市华东印刷有限公司

装　　订：三河市华东印刷有限公司

本书如有破损、缺页、装订错误，请与本社联系调换，电话：010-63131930

开　　本：165mm×230mm

字　　数：220 千字　　　　　　　　印　　张：12

版　　次：2009 年 10 月第 1 版　　　印　　次：2024 年 6 月第 2 次印刷

书　　号：ISBN 978 - 7 - 5112 - 0436 - 3 - 01

定　　价：65.00 元

序

　　我对韩国财阀的关注始于 2001 年。当年，受韩国高等教育财团的资助，我有机会赴韩国开发研究院（KDI）做一年的访问学者。彼时东亚仍未彻底走出金融危机的阴影，学术界对东亚模式的讨论还在持续进行。东亚金融危机后，在国内外一系列因素的推动下，韩国政府锁定金融、产业、劳工和公共领域四大领域，发起了一场全面的、具有深远意义的体制变革。韩国经济开始逐渐进入"后赶超时代"。1990 年代初日本泡沫经济破灭以后进入长期的萧条期，在政治体制的羁绊下，国内的经济制度变革始终无法顺利展开。那么，韩国是如何做到了这一点呢？我对这一问题充满好奇。因此，我也将自己的课题定为从关系治理向法制治理转变的角度反思韩国经济体制的变迁与转型。

　　在资料搜集和整理过程中，财阀问题开始越来越多地进入我的视野。根据我对大量资料的研判以及一年间对韩国社会的直观体验，我发觉韩国财阀的兴衰史完全可以称得上是透视二战后韩国经济发展的一面镜子。没有对财阀制度的"麻雀解剖"，无论是对于高速赶超期还是东亚金融危机后进入"后赶超时代"的韩国经济，我们都无法深入理解。财阀不仅仅是一种企业组织形式，更为重要的，它还是韩国社会结构的高度浓缩。从汽车轮船到服装餐饮，韩国民众无时无处不与财阀打交道。在此过程中，人们对财阀的态度也是极为矛盾的，一方面，他们对财阀统治了整个韩国的经济乃至政治而焦虑、不满；另一方面，他们大多又以能够进入某一大财阀集团工作而引以为荣。因此，对于任何试图理解韩国赶超经济史的学者来说，都需要对财阀的发展与制度模式有更多的了解。

　　2002 年回国后，我开始对韩国财阀展开系统研究，这一过程持续到 2005 年，本书的主体部分基本完成。但后来，由于各种事务，加上出国的原因，后期的修改和整理出版一直未能进行，一拖竟是五年。今日，拙作终于面世，虽然有些晚，它的出版终究是实现了我当年的初衷，因此对于我来说依然是弥足珍贵的。遗憾的是，2005 年以后我对韩国财阀的研究开始减少，所以书中对其近些年的变化几无涉及，这不能不说是本书的一大缺失。尽管如此，如果本书能够让读者对 1960～1990 年代韩国赶超时期的财阀发展有多一些的了解，我的目的也就达到了。

金清昱老师参与了本书初稿后期的讨论，并应我的要求撰写了第六章的第一节，对其提供的帮助表示感谢。除了教育部"高校社科文库"的资助，本书的研究和出版也得到了辽宁大学"211 工程"世界经济重点学科建设基金和辽宁大学亚洲研究中心基金的资助，在此一并表示感谢。

刘洪钟

2009 年 8 月

CONTENTS 目　录

第一章

引 言

第一节 从"汉江奇迹"到"金融危机"

过去 40 多年，韩国的经济成长是一部典型的赶超经济史。在政府的政策支持下，通过强劲的出口驱动，韩国成为国际市场的主要竞争者，韩国经济也创造了被世界银行视为楷模的"汉江奇迹"（表 1.1）。1961 年，韩国人均收入只有 82 美元，到 1996 年，人均收入超过 1 万美元。当年，韩国成为 OECD 成员国，这意味着韩国已是一个经济发达的国家。1997 年，韩国成为世界第三大汽车出口国和世界最大的钢铁生产和轮船制造国之一，经济规模跻身世界第 11 位。直到此时，都没有人怀疑过韩国经济的成功。甚至在保罗·克鲁格曼（Krugman，1994）形容东亚（包括韩国）的经济增长与前苏联一样是"纸老虎"而不可持续的时候，[①] 大多数学者仍未对此引起重视。

但是，1997 年的金融危机完全打破了成功神话，韩国经济的高速增长在该年年末戛然而止，1998 年，GDP 增长倒退 6%。随着韩元的大幅度贬值和经济衰退，人均 GDP 也下滑到 1991 年 6800 美元的水平。危机的爆发主要是由一系列财阀的破产引发的。1997 年初，韩国第 14 大财阀韩宝集团倒闭，7 月，第 8 大财阀起亚集团倒闭。这一年相继有 8 家财阀破产，将巨大债务甩给

[①] 克鲁格曼从 Young（1992；1994）及 Kim and Lau（1994）的研究结果出发，指出亚洲增长"主要来自于汗水而不是灵感，来自于更努力的工作而不是更聪明的工作"。进一步，他深入指出："如果亚洲体系真的存在值得提倡者们夸奖的东西，那就是亚洲政府提升特定产业和技术的方法；这应该可以解释亚洲经济效率何以急速提升。但是，如果你认为效率主要来自于汗水——效率并非急速提升，那么亚洲产业政策的成果就要大打折扣了。汗水理论的另外一个不受欢迎的含义是，亚洲经济增长的步伐可能放缓。通过提高劳动参与度，向每个劳动力提供基础教育，将投资占 GDP 的比重提升三倍，你可以获得很大的经济增长，但这只是一次性的、不可重复的增长而已。"参见克鲁格曼（Krugman，1997）："What Ever Happened to the Asian Miracle?"，*Fortune*，August 18，p. 27。

国内银行。财阀多米诺骨牌的轰塌使国际国内社会丧失了对韩国经济的信心。① 外资开始大量外逃，1997 年 12 月，韩元对美元的汇率从危机前约 900 的水平骤升到 1950 的水平，人们开始担忧股市是否会崩盘。面对金融危机的加重，韩国政府被迫向国际货币基金组织（IMF）求救，经过双边协议②，IMF 于 1997 年底开始介入，对韩国实施了包括 570 亿美元在内的一揽子援助项目，旨在达到"尽早恢复人们的信心；把 1998 年的 GDP 衰退控制在 3% 以内，1999 年实现恢复性增长；将通货膨胀率控制在 5% 以下；在 1998 年末建立至少维持两个月进口的国际储备"的短期目标（IMF，1997）。与此同时，也对韩国政府提出了宏观经济政策和微观经济政策两方面的改革要求，前者包括货币、汇率、财政等紧缩总需求的政策，后者包括贸易自由化、资本自由化、金融部门结构调整、企业结构改革、提高劳动市场的弹性以及构筑社会保障网等有关市场机制的确立和结构调整的内容。

紧缩政策加上严重的信用危机使得大批公司破产。③ 1998 年第一季度，公司破产的月平均数量超过 3000 家，与以前年份同期相比增加了大约 200%。企业破产反映到金融领域，导致金融机构的不良贷款（NPLs）急剧增加以及利润率的急剧下降。

表 1.1　韩国主要的宏观经济指标（年均%，除非特别指出）

指　　标	1962～1971	1972～1979	1980～1989	1990～1997
GNP 增长率	8.7	9.1	8.3	7.2
通胀率	14.9	15.4	8.4	6.1
储蓄率	—	24.4	29.2	35.7
投资率		29.0	30.7	37.1
出口增长率	38.8	41.2	15.8	10.6
进口增长率	24.8	32.4	12.2	11.8
国际收支（百万美元）	(724.0)	(1949.5)	314.2	(8332.9)

资料来源：Bank of Korea, Economic Statistics Yearbook.

① 事实上，在危机前的 30 多年间，除了国际集团破产这一极端的个案之外，韩国前 30 大财阀中没有一家遭到破产，这使得韩国民众和国际社会普遍相信"大马不死"（too big to fall）的神话。

② 即《韩国政府关于经济规划备忘录的意向书》。

③ 到 1998 年 1 月，前 30 大财阀中的 15 家破产，另外还有超过 20000 家的中小企业破产（Cho, 2001）。

金融危机的恶化迅速演变为全面的经济危机。从 1997 年第四季度开始，实际 GDP 增长急速下降，1998 年全年下降 6%。严重的信用紧缩以及市场的不确定性导致私人消费和固定投资额显著下降，失业率急剧上升，从危机前的 2～3% 的水平上升到 1999 年的超过 7%。国内需求的下降大大减少了进口需求，1998 年进口下降超过了 20%，而活期存款账户则出现了超过 400 亿美元的创纪录水平的盈余。此外，危机后国内货币的大幅度贬值使消费品价格增幅从 1997 年的 4.5% 上升到 1998 年的 7.5%。

第二节　财阀与金融危机

一、金融危机成因的微观解释

危机爆发后，反思性文章开始大量出现。那些认为本地区缺乏技术进步的观察家，那些关注到本地区银行体系脆弱性的观察家，那些指出经常账户赤字会扩大、出口竞争力会衰退、公司盈利能力会减少、短期债务会增加的观察家，以及那些批评东亚地区胡乱进行房地产投资的观察家，这时候都找到了各自的证据。而那些将本地区过去 30 年经济持续增长现象当作特例的学者，则将这次经济增长的调整和衰退看作是向国际平均水平的自然回归（尤素福，2003）。

值得注意的是，在这些研究中，有许多认为企业问题是导致危机爆发的根本原因（Joh，2001a；Nam et al.，1999；斯科特，1999）。这些学者认为，虽然表面上看 1997 年的危机具有流动性危机的许多特征，比如低外汇储备、对短期外债的过度依靠以及外国投资者信心的丧失等，但是，在本质上是一系列大企业集团——常被称作财阀（Chaebol）——的破产，而不是其他原因，才导致了外国投资者信心的丧失和国际资本的大规模逃离。Nam 等人（1999）的研究表明，1997 年韩国大企业集团的破产主要归咎于两个因素。一是 1996 年上半年发生的进出口交换比率的不利冲击，尤其是在半导体制造业和重化学工业中发生的不利冲击。1996 年，韩国的贸易条件恶化了约 20%，是自 1974 年第一次石油冲击以来最大的一次下滑（见图 1.1）。半导体的单位出口价格在 1996 年期间下降超过了 70%。这样一种不利冲击严重抑制了作为主要出口商的家族企业的现金流。二是受大企业集团债务融资影响而产生的严重的结构问题。家族企业脆弱的资本结构是其财务问题的核心根源。根据资金流统计的结果，1997 年末公司债务总额共计 811 万亿韩元，大约相当于 GDP 的 190%。

事实上，从 20 世纪 80 年代后期以来，当流动资金结余出现赤字时，公司债务对 GDP 的比率就已经迅速上升。

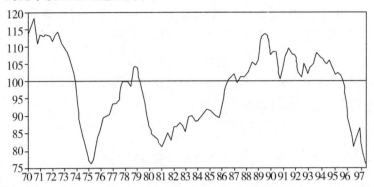

图 1.1　韩国的贸易条件（指数）

资料来源：Nam et al. （2001）："Corporate Governance in Korea"，In OECD ed. ，*Corporate Governance in Asia：A Comparative Perspective*，2001.

从较高的债务/权益比率也可以看出韩国企业财务的脆弱问题。韩国企业的债务/权益比率大约高出中国台湾省或英国的 5 倍。尤其是到 1997 年末，30 家最大的家族式企业的债务/权益比率达到了 519%，比一年前高出 130 个百分点。由于高财务杠杆的存在，韩国企业的财务费用/销售比率是日本或中国台湾省的 3 倍。此外，公司部门的资产—负债结构也十分脆弱，这一点可以通过与美国、日本和中国台湾省的对比得到证实。1997 年，韩国生产领域作为一个整体的平均资产负债率是 396%，而美国、日本和中国台湾省的相应比率则分别只有 154%、193% 和 86%。[1] 当然，如果企业能够获得足够的盈利来偿付很高的利息率，那么上述融资结构也不是一个问题。但是在过去 20 年的大部分年份里，韩国企业的投资盈利率已经低于其借贷资本的机会成本，[2] 或者说，许多韩国企业随时都存在破产的可能（图 1.2）。

---

　　① 具体参见第四章的分析。

　　② 实际上，从图 1.1 中我们可以看出，在 1997 年经济危机之前，韩国制造业只在两个时期出现资本利润率大大超过资本机会成本的情况：（1）1972～1978 年，原因是公司领域的债务负担由于 1972 年紧急状态法的实施而人为地降低，以及随后的重化工业产业战略时期低利率政策的实施；（2）1986～1988 年，原因是韩国经济从所谓的"三低"（即低油价、低国际利息及 1985 年广场协议后日元升值所导致的韩元低币值）享受了极大的好处。

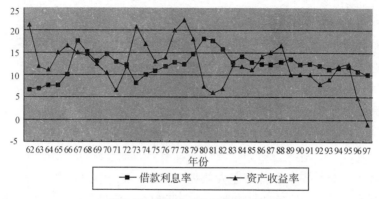

由于高财务杠杆和资产——负债结构的存在，使得公司部门在商业周期期间面临着较高的违约风险。1996～1997年间贸易条件的恶化和疲软的国内需求使得这种内在的脆弱性进一步加大，其结果是韩国前30大财阀以外的13家企业在1996年出现了负的净利润，其中8家在1997年破产，这种情况的发生随即损伤了银行部门并在金融系统内产生无法承担的系统风险。国内金融市场上增加的系统风险迅速影响到外国投资者的信心，他们通过将投资变现以及拒绝延长短期借款而离开韩国市场。① 东南亚金融危机的"波及效应"进一步加强了外国投资者对韩国金融市场的悲观情绪，他们发现，在韩国除了公司利润下降和流动性下滑外，还有外债和外汇储备缺乏透明度，以及不可靠的公司会计标准和披露机制等问题。更为关键的是，这些问题他们早就知道，但他们坚信韩国政府对财阀和银行存在着隐性担保而不会使其破产，因此他们忽视了上述问题。这其实是一种典型的道德风险行为。但是，财阀的大量倒闭、东南亚金融危机的爆发以及国际权威资信评级机构（如标准普尔公司）对韩国资信等级的下调，最终彻底摧毁了这些国外投资者对韩国市场的信心，货币危机和金融危机也随之爆发。②

---

①　1997年韩国的外债总额超过1500亿美元，其中2/3是短期负债。

②　Krueger and Yoo（2000）指出，货币危机和金融危机并不必然地是一对"孪生危机"，有时也出现只有货币危机而没有金融危机的现象，比如1999年巴西爆发货币危机但并没有出现国内的金融危机。这也从一个方面证明韩国的经济危机绝非只是单一的流动性危机，而是一种全面的体制性危机。

二、财阀：韩国的企业集团

在对韩国企业的各种批评中，学者们将主要矛头对准了韩国财阀，认为财阀是所有问题产生的根本。那么，究竟什么是财阀呢？

财阀是一种企业集团。[①] 企业集团并不是通常意义上所说的公司，而是由一系列合法独立的小公司组成，这些小公司之间可以存在也可以不存在财务上的联系。在集团中的所有小公司至少被一个核心企业，有时是一个控股公司，一个银行或者一个制造公司完全或部分拥有。有时，一个人或一伙人（有时是一个家庭）拥有控制着这个企业集团。因此，联合所有权并不是一个企业集团的典型特征。它的特征是自然的或以某种方式由独立的小公司组成的有机网络。

企业组织在不同的国家有不同的称谓，在韩国被称作 chaebol，拉美叫 los grupos economicos，在日本是 zaibatsu，在西欧则被称作 super - control groups 和康采恩，在世界其他地区，也被称作 industrial houses，投资集团等。韩国财阀的含义和日本著名的 zaibatsu 非常相似，既代表财富，也代表着派系。Zaibatsu 的定义是一个家庭通过控股公司来控制这个集团。

在学术界，韩国财阀有许多定义。Byun（1975）将其定义为一个具有共同财权、劳动关系和管理组织的同一体系下的大企业集团。在集团中表面上看每个子公司都是独立的，但事实上每个子公司都必须依附于其它公司。Jones 和 Sakong（1980）对财阀的定义是，通过一个母公司来管理的家族企业。它是一种由所有者及其家族来管理的从事多元化生产的企业组织，该组织严重依赖外部资金，其增长严重依赖出口，并且与政府保持着密切联系。Lee 和 Lee（1985）认为财阀是被一个人或者他的家族所控制拥有的商业组织，由在许多商业领域中占优势的垄断公司组成。财阀具有两个重要特征：家族控制和多元化经营。其它特征主要还包括：（1）集团规模大，具有超强的经济实力；（2）依靠外部资金；（3）家长式的管理哲学；（4）与政府联系密切。

除了这些学术上的定义，还有一些出于政策规则和经验研究目的的定义。1980 年代早期，韩国政府决定对财阀行为进行规范，主要包括：（1）限制大企业集团通过内部互控和交叉持股进行无秩序的扩张；（2）对银行信贷日益集中于大商业组织进行控制。为了强化对这两种活动的控制，经济企划厅和中

---

① 需要指出的是，财阀本身并不是一个法人，真正行使法人权利和义务的是组成财阀集团的一个个独立的成员公司。

央银行都对财阀的范畴给予了界定。经济企划厅将那些包括附属公司资产在内的总资产超过 4000 亿韩元（相当于 55 亿美元）的企业集团定义为财阀。根据这一标准，1992 年有 78 家商业组织超过了这一水平。中央银行对财阀范畴的界定则是在银行信贷方面。信贷规模超过 1500 亿韩元（相当于 2 亿美元）的企业集团被称为财阀。1990 年有 49 家达到了这一标准。

第三节　研究范围

在韩国四十多年的赶超经济历史上，财阀究竟扮演了一种什么样的角色？是天使？还是魔鬼？本书并未打算穷尽这一问题的答案，但我们将尽可能还原韩国财阀的全貌，为理解韩国财阀的本质，为理解韩国经济的增长提供一种微观层面的解释。

本书主要围绕韩国财阀的成长历程、发展战略、治理机制及其与政府的关系展开研究。具体地，全书分为七章。第二章论述韩国财阀的形成与增长战略，并具体考察了三星、现代、LG、大宇和 SK 等五家财阀的成长历史。重点是描述财阀的起源及其形成过程，并从巩固、扩张到成熟三个阶段探讨了财阀的增长战略。第三章讨论韩国财阀的多元化发展战略，具体分析了财阀多元化的规模、多元化动机、多元化模式，以及财阀组织结构和管理体制。第四章论述韩国财阀的资本结构，详细分析了财阀高负债融资结构的形成动因及其具体表现。第五章讨论韩国财阀的公司治理问题，具体考察了财阀的所有权结构，公司治理结构，以及在此结构下的代理问题。第六章分析韩国财阀与政府的关系，具体讨论了韩国政府在财阀成长中的作用，关系治理条件下政企风险伙伴关系形成的动因、表现与历史变化，最后讨论政企风险伙伴关系的解体及其与金融危机之间的关系。第七章论述金融危机后韩国财阀的重组，详细讨论了财阀重组的动因及具体内容。最后是结语。

第二章

韩国财阀的形成与演进

第一节　韩国财阀的形成 *

　　财阀是韩国经济增长的发动机，然而在学术界却很少能找到关于它起源的研究，即使这样，关于其起源，有限的研究也存在不少争论。一些学者是从其建立的基础入手，其他学者则关注于企业和企业家的经历。前一种说法认为，财阀是在殖民时代通过一些企业家的努力将企业建成多元化的企业组织而逐步发展而来的，后一种说法则认为它的起源可以追溯到1910年日本吞并朝鲜之前的后朝鲜王朝时期。

　　Kang（1996）对韩国财阀的发展历史有比较系统的研究。根据他的观点，大部分财阀起源于日本殖民统治时期和朝鲜战争时期，大部分财阀的领导人都认为战前殖民统治下的那种特殊政策对其以后的发展产生了重要影响，不过，几乎所有今天看来是成功的财阀也承认，他们能有今天的业绩，最关键的决定因素还是由于战后尤其是1960年代以后韩国政府所实施的特定政策。尽管在日本殖民时期朝鲜的工业化已经开始，并且许多公司作为一个小企业已经存在，但那时根本没有现在的这种大集团，更谈不上财阀了。因此，有很多人认为，财阀建立的时间应该是从母公司而非财阀本身建立的时间开始算起。按照这种说法，斗山（Doosan）也许是建立最早的，其建立于1896年。

一、财阀的起源

　　尽管大多数财阀是在1945～1960年代开始形成的，可是还是有一些土生

---

　　* 本节的主要内容引自 Kang, Myung Hun（1996）：*The Korea Business Conglomerate：Chaebol Then and Now*, Library of Congress Cataloging – in – Publication Data.

土长的公司在殖民时期就已经有了它的雏形。当时，大多数在朝鲜时代后期建立的公司已经因为缺乏资金、技术和取得外国资本的能力有限而倒闭了。然而，有一个例外是朴承吉和他的丝绸批发公司，该公司后来成为当今韩国最大的财阀之一的斗山集团的母公司。

在日本统治时期，殖民政府及其附属机构在朝鲜的私人企业中扮演了非常重要的角色。因此，与殖民政府合作，适应政府在经济领域的优先发展战略就成为大企业成功的前提条件。这种适应性对于一个在外国政府和外国企业掌握领导权的殖民社会中的本土企业来说，显然是必需的。外国政府的监督通常伴之以政府的支持，这就使得本土企业处于增长和被控制的两难境地。尽管如此，一些本土企业在与殖民政府和日本大企业合作的过程中还能保持住自己的所有权和管理权，这给人留下了深刻印象。利用殖民政府对高风险企业所提供的贷款甚至是补贴，一些企业家找到了适应政府特定偏好政策同时又不必丧失对企业所有权和大规模投资管理权的控制的发展方式。

这里我们以殖民时期的两个企业家——金渊秀和朴洪锡为例，来探究殖民时期财阀产生和发展的动力所在。这两个人甚至在解放之后还继续拥有和管理着他们的集团。尽管斗山集团有最长的历史并且是唯一的一个三代财阀，但他的创始人朴承吉所从事的商业活动与上述两人相比并不具有很强的代表性。

韩国殖民时期最成功和最著名的企业家金渊秀，是韩国杰出教育家和政治家金承秀的弟弟。金承秀于1912年从早稻田大学毕业，回家后在浦星中学做起了教师和主管。1917年被推选为庆星织布公司的董事长。两年后，他和朴永孝一起建立了庆星纺织公司。这是朝鲜人在朝鲜建立的首批大规模的现代公司之一。他一直到1927年都担任公司的经理，后来成为该公司的顾问并掌握着公司的大量股份。金承秀在1920年创立了著名的本国语报纸东亚日报，从那时起到1927年，由于种种原因他时断时续地当了几任总裁，后来成为经理。他还建立了浦星大学和现在著名的高丽大学。1945年5月，作为反对党的领导人，金承秀曾任过短期的韩国副总统。

在金承秀在教育界和政界大显神通的同时，其家族的投资却由不那么有名的弟弟——金渊秀（1896~1979）——指挥着。这个地主的儿子出生于全罗北道的东胜地区。他在东京上的中学，后来在东京皇家学院学习经济学，并从那里毕业。回国之后，接管了家里的农业资产。凭借在朝鲜和满洲地区的土地资产，他扩张了自家拥有的三洋公司，此外，他还掌握着其他一些商业和工业资产。1922年至1927年，他担任庆星纺织公司的经理，1935年至1945年任总裁。除了从事工业和农业，他还涉足金融业，成为海东银行的董事和执行经理。1945年，他从庆星纺织公司退休，不过直到1958年还掌握着这个公司大部分的股份。在第一共和国时期，他将精力主要用于三洋公司在贸易和糖的生产方面。

与金氏家族不同，朴洪锡给人一种来自北朝鲜的充满抱负和激进思想的商人形象。他1903年出生于朝鲜西南部靠近镇南浦的平安南道。在哥哥和父亲分别于1910年和1916年去世之后，他依靠家庭拥有的土地来供养自己的母亲，以后又以这些土地为基础在当地从事印刷和棉花生产。1926年，朴洪锡去了首尔，很快用前期积累的资本和银行贷款建立了Sunil纸制品公司。公司的成功使他进一步投资于后来使他取得极大成功的位于首尔钟路大街的、著名的和信百货公司，该公司与中国和东南亚进行批发和零售业务的贸易，在独立以后的李承晚第一共和国时期，他领导和信集团专门从事贸易和纺织生产。

在殖民时期的后十年，朝鲜本土企业的投资组合和公司董事会的选举都具有独特的模式。这种模式由企业活动的四个围绕中心的层次组成。第一层是家族企业的核心层，通常都在农业和房地产业。金渊秀的三洋公司就是一个典型的例子。该公司完全被金氏家族所拥有，通过往里面大量注入资本，成为一家控股公司。金渊秀依靠该控股公司控制了许多商业和工业投资。然后，再利用这些投资所带来的持续的、广泛的赢利向其他领域扩张。朴洪锡是个例外，因为他家缺乏大量的农业收入，然而他却用家族控制和管理的方式发展了和信百货及其连锁公司。这些企业家投资的其他三个层次都是普通的合资企业，但家族拥有的公司要始终处于投资活动的中心。

第二个投资层次是成立掌控管理权的更为复杂的合资公司，比如金渊秀投资的庆星纺织公司以及朴洪锡投资的和信贸易公司。这些公司都是当时朝鲜本土企业中的佼佼者。这些主要投资者利用各种手段，包括建立家族式的紧密的管理团队，控制了企业的全部资本，并对小股东的利益进行了广泛的侵犯。1997年金融危机后，这个层次也是大多数学者关注的焦点。

这些企业家所从事企业活动的第三和第四个层次至今仍被许多学者所忽视，这两个层次的投资与殖民政府或政府官员有关。要研究企业和政府的关系，就必须关注投资的模式和相互支持的网络。在殖民时期，我们有必要研究一下他们的投资组合，看看他们投资的那些与家族拥有的农业和控股公司无关的产业。第三个层次的公司包括金渊秀和朴洪锡投资于中等规模的合资公司，但他们通常并不行使主要的管理责任。这类企业区别于其他企业的特点是，这些企业中一方是朝鲜的企业家，一方是前日本政府官员。这些朝鲜企业的精英们筹集资本投资于这些公司，并常常把它们看作是与自己农业和商业公司并重的企业。比如，金渊秀和朴洪锡投资于用于采矿和军用设备的朝鲜动力公司，他们为基地建在蒙古的涉谷宫原的大兴贸易公司提供资金。金渊秀是与日本合资创建的玉溪采矿公司的参与者，朴洪锡则和其他朝鲜商人一起投资于日本管理的朝三公司。

这些企业家在半岛的大型日本企业进行投资活动的第四个层次与第三个层次的差异仅仅在于公司的规模和所有权。朝鲜人在第三层次中是合资公司主要的投资者，而在第四层次的公司中除了少量参与外，大规模的投资基本上都被排除了。例如，朴洪锡是北朝鲜纸业化工制造公司的董事会成员，并且和金渊秀都是朝鲜石油公司——日本在朝鲜投资的十大企业中的一个——的董事会成员。如果说其他韩国人和日本投资者由于在第三个层次上的投资而使相互关系得以加强的话，那么在第四个层次上的投资则使得金渊秀和朴洪锡能够与三井、三菱等日本公司的总裁产生联系。

这种多层次的投资为我们研究韩国资本家在殖民时期的适应性提供了更广泛的视角。正是这种适应性的投资方式促进了殖民时期韩国大企业的发展。海东银行、庆星纺织公司和和信公司都是韩国人自己的知名企业，这些企业服务于韩国市场并由韩国人自己拥有和管理。金承秀以及后来的金渊秀、朴洪锡都利用本国的管理者和投资资本建立起了面向韩国本土市场的企业。他们把韩国的生产者、投资者和消费者紧紧团结在一起，齐心协力地发展了民族产业。这种由本国人拥有并且面向本地的发展方向使之具有了国民资本的意义，并在很大程度上使国人受益。

朝鲜企业的领导者们进行的本土化战略使他们获得了更多的土地和资本，也使他们获得了民族资本家的称谓。在从土地资产向工业资产转移的过程中，可信的金融制度是非常关键的。1933年，海东银行的经理金渊秀赞扬了日本内阁的反通胀改革及其对朝鲜商业的有益影响，认为这种政策有助于提升消费者的信心。早些时候，他还试图在庆星纺织公司的生产者与消费者之间建立一种互相合作的精神。公司用"太极秀"作为商标并贴上英文标签"朝鲜制造"，以此强调公司的国民性。在公司早期与日本企业的竞争中，赢得朝鲜的消费者是很关键的，而在需要大规模密集资本投资的工业领域，保持本土投资者之间的合作同样也是非常重要的。

土地在朝鲜殖民地农业社会中是非常宝贵的，在全罗道肥沃的平原上尤其如此。大量的日本资本投资于土地以及后来的土地开垦，使农业竞争异常激烈。1924～1940年间，金渊秀将他父亲留下的土地资产并入拥有广泛农业地产的三洋公司，并把他在农场上的赢利再投资于附近的土地，尤其是那些债务持有者。在殖民后期，金渊秀渐渐从与其他韩国投资者的土地竞争中退出，公司开始把注意力转移到获利更为巨大的土地改造上，并试图取得政府在资本密集型和劳动密集型产业上的支持来与日本投资者竞争。三洋公司直到殖民时期结束还在忙于重新安置农民和组织管理农业地产，并再一次与日本公司进行竞争。金渊秀是少数几个能与日本公司竞争的朝鲜企业家之一。他在农业和工业上的成就使他的通过竞争获取更多利润的认识有了更大的可信度。

再看朴洪锡，他夸耀说他的和信公司是唯一一家能与三菱、立山黑部、三中井和平田等日本企业进行竞争的百货公司。这些日本公司都位于首尔著名的忠武路，朴洪锡为他的商场和连锁商店挑了一个好的位置，位于韩国商人聚集的更大的钟路大街和忠武路的交叉处。他的野心和竞争精神在整个殖民时期都是显而易见的，无论是在国内贸易还是国际贸易上，都是如此。

大规模投资的企业集团通常都不得不与殖民管理者搞好关系。通常，只要当地企业符合政府的经济发展要求并且没有对国家经济产生控制，日本殖民政府为了笼络更多的本地人，就不会阻碍他们的发展。在这种环境中，为了企业的生存，为了与在半岛投资的日本企业展开竞争，本国企业之间进行合作对鲜商界的领导人来说是非常重要的。除了管理他们自己的企业，这些企业领导人还在其他的公司出任董事，由这些主要商业领导人构成的董事会成为企业的内部轴心层。企业的所有者们确信借助于这个核心领导层，企业就会获得更好的发展。总之，激发员工发挥最大潜能，投资者之间团结一心联合投资，以及投资者和消费者之间建立良好的互动关系是朝鲜大企业成功所必备的几个关键素质。

二、财阀的形成

独立以后，数千个韩国企业家形成了一个新的、具有巨大影响力的工商业资本家阶层，并在1950年代发展起来。事实上，独立后许多成功的韩国企业家都属于这个集团。在这段时期，一些具有企业集团性质的财阀也建立起来。现在最大的财阀当中有许多都是在1940～1950年代这段时期建立的。1988年，30家最大的财阀中只有6家是解放前建立的，16家是在李承晚时期建立的，8家是在朴正熙政府时期建立的。

1945 年解放后，当地企业的殖民特征经过一段时期的动荡后才逐渐消失。1948 年韩国建立后，他们想方设法要适应当时政府的规则，抓住新出现的机会。当国内要求减少与日本企业联系的时候，他们突然之间发现了一个新的合作伙伴——美国。不久，一种新的韩国企业模式出现了，它不同于西方企业，甚至也不同于日本的财阀（Zaibatsu）。尽管在一个新的意识形态和制度背景下，这些企业必须做出一定调整，但整体上他们继承了早期朝鲜企业的一些特征，如家族控制企业集团（即财阀）的集权化，寻求政府支持，以及经营符合国家发展方向等。

殖民统治结束初期的一系列事件使韩国殖民时期的企业精英陷入了混乱。由于与日本关系的冷淡和对共产主义的敌视，他们失去了日本的原料和资本供给以及中国的市场。国内动荡的局面导致硕果仅存的纺织和食物加工业的生产大大减少。美国成为对外贸易的主要对象。美国军事政府和早期的李承晚政府进行了激进的土地改革，对农业进行大规模的投资。三年的朝鲜战争使韩国的交通、工业等遭到极大的破坏。除了混乱、重组以及美国角色的凸现以外，这些殖民时期的精英们还发现，他们应该努力获得一种政治身份，以便在新的共和国里为自己的企业找到一个理想位置。

殖民时期的经历对韩国财阀的形成起到了很大的作用。最显著的特征是管理集中、家族控制以及密切的政企关系。为了保持与政府的合作，这些财阀们在第一共和国时期又形成了一个由主要企业领导人组成的"内部核心圈"，其中包括金渊秀家族、朴洪锡以及后来的李炳秀等。土地改革动摇了殖民时期精英们的资本基础，他们需要从投资商业和轻工业开始重新崛起，但这一转变显然不是一个顺利过程。

从 1945 年解放到 1960 年李承晚政府倒台，许多财阀形成了，他们以很快的速度积累了财富。在这些财阀的资本积累过程中，政府起到了重要作用。这段时期的一些特定环境特征确定了政府—财阀的基本关系形式。首先，韩国在这个时期的经济发展是建立在百废待兴的基础上的，包括相当低的国民收入和储蓄，不发达的社会和经济基础结构，严重的信息不对称，低水平的管理，贫瘠的自然资源，以及政府管理经验的极为欠缺等。其次，社会和政治的不稳定以及李承晚政府更多关注的是政治（为了全力的稳固）而不是经济。在这种环境中，政治与经济的关系通道非常有限，仅被限定在这样一个范围内，即经济资源和机会的政治分配必须服从于政府的政治目标。第三，部分是由于第二点的结果，经济增长并不构成政治目标的主要内容，事实上，直到朝鲜战争结束，政府才开始关注经济。因此，李承晚政府旨在重建和发展进口替代工业的经济政策直到战后才得以实行。

1948 年李承晚政府建立之后，韩国的国内经济形势一直没有多少改变，在 1953 年朝鲜战争结束之前，国民收入持续降低。战后动荡的社会和政治局面使得李承晚政府很少关注经济重构。李总统只关心如何把一个殖民地国家转变为一个民主国家，他把全部身心都投入到了政治活动当中，以确保其政治地位的稳定。在经济目标上，李承晚政府关心的也不是增长，而是短期的重建目标和维持最低的消费水平，这两个目标的达到都是通过争取最大援助而不是通过国内投资和生产的办法。

此外，本来就存在问题的工业资产在朝鲜战争中也被毁坏了。除了严重的物质破坏，战争还创造了一系列新的现象，包括恶性的通货膨胀，美国援助的大量流入，以及不断增加的对军工产品的需求和旨在重建的政府合约。从解放到朝鲜战争结束，这是一段缺乏基本组织系统的年代，政府在经济事务上根本就不存在持续一致的政策措施。除了一些新的立法和财政政策如汇率和利率的决定，大多数的政府政策，如对非法经营活动、贿赂、对国家财产的掠夺等行为的惩罚，事实上都形同虚设。

在新政府的政治活动中，有一些所谓的反民主主义者被逮捕，其中就包括殖民时期的大部分商界领袖。主要的罪名是给日本人以财政支持来寻求政治庇护，这些企业精英被判决死刑。不过，后来由于社会和政治动荡以及朝鲜战争，实际上没有多少人被执行。尽管没有执行，但这一事件是政企关系发生变化的一个重要信号，即政府开始试图控制企业。

战争结束不久，李承晚政府开始重建被战争毁坏的设施和工厂。当重建努力不断取得成绩，国家逐渐变得稳定以后，政府将其政策重点转向以下目标：促进外国对本国的援助；提升诸如食品、纺织等消费品的进口替代工业的发展；维持稳定的对农业部门的支持。政府实施了进口替代的工业化战略。在动员必需的金融资源方面，李承晚政府主要依赖外国援助、通过自然资源如钨出口而获得的收入以及进口税，而不是努力增加国内私人部门的储蓄。在本国货币一直被高估的 1950 年代，政府还极力通过高关税以及其他措施来保护本国工业。政府将官方利率定得非常之低，以此激励私人投资者。所有这些特点，连同政府在经济增长方面政治承诺的不足以及政府官员管理能力的普遍缺乏，一直持续到 1960 年 4 月李承晚政府倒台。

在这种环境下，政府把许多有价值的资产（比如日本人留下的资产和外国的援助资金等）分配给了私人部门。在分配这些资源的同时，还伴之以其他方面的优惠措施，比如进口许可证和低息贷款等。对于政府分配这些资源的方式目前还存在很大的分歧。一些人认为贿赂起了主要作用，另外一些人则认为当时具有资格的企业家也只有那些。无论哪种说法，有一点可以肯定的是，财阀的原始资本积累与政府的这种资源和机会的转移是分不开的。下面我们详细说明这些资源的转移方式。

既得财产的分配

独立之后，韩国继承了以前属于日本的166301项资产。这些资产包括3351处可运转的工厂和企业、土地、建筑以及存货，它们几乎占了整个国家财富总量的30%。这些既得财产先是由财产托管美国办公室（AOPC）来管理，后来转交给了韩国政府。其中，有513项由AOPC分配，余下的在1948年8月交给了李承晚政府，财产的分配一直持续到1957年。

在此分配过程中，价格按照1945前的注册价值确定，实际上低于真实价值。同时，项目中的大部分按照甚至比注册价值更低的价格分配了。虽然这些继承的资产许多在战争期间遭到了巨大的损伤，但那些以交易价格获得授权的交易者在政府进行资源转移的过程仍旧获得了巨量的额外利润。除了很低的交易价格，这些财产的分配还伴随着大量的优惠条件，比如宽松的拥有较长缓冲支付期的支付条款、低息的银行贷款、原材料和机器配件的进口许可证、按照极低官方汇率分配的外汇以及对垄断地位的保护等。在恶性通货膨胀和供应短缺的1950年代早期，这些工业资产的所有权大大促进了财富的积累。

1958年既得财产出售完成时，37.7%的未支付贷款没有按时偿还。尽管上述例子可能过于极端，但取得资产显然有助于大量私人企业家日后成为财阀。就财产的分配方式而言，人们一致认为出售过程不是公开的，因而也就是非竞争性的。根据这种观点，那些与上层政治家和政府官员保持密切关系或者最初以雇佣、亲缘或商业形式与这些财产发生联系的人，在分配过程就处于很有利的位置。在整个1950年代，这些既得财产新所有者中的许多人都为李承晚的政党提供过政治献金。

然而，也有与上述观点相反的观点，认为将获取既得资产的人定义为政治资本家并与腐败联系在一起是不充分的，是过于简单的偏见。他们认为，政府没有选择的余地是因为：第一，市场或者不存在，或者是极端无效的；第二，被证明有能力的企业家很少；第三，政府缺乏管理经验；第四，信息不容易获取。但是为了国家利益，政府又必须指派某些人运营工业资产，而无论谁掌握了既得资产，都能够在政府同样的激励机制以及其他经济环境如高通胀条件下获利。

进口贸易许可证

韩国解放后的一段时期内，工业产量下降很多，许多殖民地时期的国际贸易渠道被中断。相应地，高通胀以及严重的供应短缺存在于众多产品当中。据估计，批发价格指数在1945年6~8月间增长了40倍，到1946年底又增长了4倍。这些新出现的市场不足（严重的供求平衡）为企业家创造了大量可获利的机会，企业家的反应便是进行贸易。随着解放后私人物物交换贸易的增长，1945年美国军事管理当局制定了一套管理措施，建立了关税和进出口许可证制度。

尽管进口需要许可证，但许可证制度是简单且标准化的。美国当局公布可进口的商品清单，不限制进口数量。只要商品进口，许可证的发放是自动的。只要申请，任何人均可得到许可证。1946年韩国有528位持有许可证的贸易商。随着1940年代后期交易量的突然上升，那些早已在对外贸易上活跃的贸易商纷纷获利。事实上，有人已经注意到贸易是1940年代后期通向世界的通行证。几乎所有的大财阀都很快地参与了进去。1948年第一共和国成立后，超级通胀和过度需求持续存在，政府制定了各种措施来限制进口。1949年，旧的10%的过境税关税体制被歧视性关税制度所代替，平均关税据统计为40%。这种变化是为了筹集财政资金以及保护国内产业。关税从零关税（如原材料、资本品、粮食）到100%（奢侈品）不等。

同年，旧的许可证制度被新制度代替。在新制度下，政府宣布的进口计划不仅在商品种类而且还在数量上进行了规定。随着时间的推移，该制度日益复杂。政府一直高估本币，只依靠数量措施限制进口。本币高估意味着按官方汇率来为进口筹措外汇将获利巨大。因此，进口依旧是一项高获利的商业活动，而出口则变得异常艰难。从事进口在整个1950年代都赢利巨大，1961年10个最大的财阀有九个都在积极参与进口贸易。既然进口许可证及所需外汇由政府分配，许可证的取得及外汇获得就成为财阀进行资本积累的关键。因此，政治影响在获取许可证和外汇方面是非常重要的因素，尽管它并不一直是必需的因素。

援助资金和物资的分配

由于1950年代韩国出口量较少，早期进口所需的外汇主要来自美国及联合国的援助、向联合国军队出售武器所得以及少数物资的出口收入。在这些来源中，外国援助所占比重最大。在 1950 年代获取这些援助资金是财阀进行资本积累的重要手段。除了积极的出口贸易，财阀获取的外国援助不论是以美元形式还是以原材料形式，都是建立本国基础工业以及成为财阀的重要因素。比如，一旦被分到外国援助，受益者只需 15% ~ 25% 的自有资金即可建立工厂。这些资金可以通过政府安排长期低息的银行贷款来获得。

在高通胀以及本币高估的环境下，那些以政府承认其垄断地位而获得支持的投资方式，很早就成为了财阀积累中的关键因素。众多财阀后来遭到了指控，即 1961 年对非法财富积累的调查，他们被指控非法利用了政府对外国援助的分配及对本币的高估。他们借助夸大进口品价格以及把多余外汇投入非法进口或者当地黑市的方式，以比市场汇率低得多的官方汇率买入外汇。

优先获取银行贷款

在第一共和国高通胀和低利率的政策下，资金供应持续短缺，任何获得银行贷款的人都可以利用实际的负利率而获利；而且获得银行贷款是与其他因素交织在一起的，比如取得既得资产和援助资金和物资的分配。因此，对于个人来说优先获取银行贷款是非常困难的。然而，大量的例子显示，财阀在获得银行贷款及获取政府本币贷款方面享有了极大的优先待遇，这与他们提供政治献金是紧密联系在一起的。在 1950 年代，政府并没有太多的财政资源和贷款分配给私人部门，因此他们有必要以回扣的形式从这些部门获得政治资金。

例如，外援资金在数量和用途上受到限制，政府债券的发行也必须得到国民大会的同意。韩国发展银行的管理者提出了所谓的联系资金，通过回避规制来解决政府的困难。此类资金是由财政部长根据宏观计划来决定工业贷款分配的优先次序。对于这些贷款，韩国银行给发展银行提供支付保证。从韩国发展银行在韩国银行的帐户上，商业银行以发展银行的再贴现利率借助资金，然后将这些资金存在他们自己在韩国发展银行的帐户上。通过这些资金，韩国发展银行将贷款分配给私人部门。据报道，这些联系资金都分配给了支持政府的财阀，其中泰昌集团被认为是最大的受益者。1956 年政府开始对国有商业银行实行私有化。对财阀在信用贷款分配方面的优待在此时达到了顶点。

1954 年，政府颁布了商业银行法，并把政府拥有的银行股份进行拍卖。人们相信政府此举的首要目标是为了扶持几家财阀而实行政治筹款，并将这些财阀作为自己的财政基础。因为国有银行的预算必须由国会来审计，还要接受传媒等其他部门的监督，所以它们难以成为政府长期的财政资金来源。而如果商业银行成为私人所有，政府就容易与之签订协议，它们就成了间接、安全而稳定的资金来源。直到1956年的第七轮审计，政府的银行股份才得以出售。最终，股票由几个财阀瓜分——它们是政府钦点的。投标价格不是参考依据，比如，尽管三星的投标价格排在第三位，却得到了半数的股份。三湖和其他财阀也成为商业银行的主要持股者。

这一时期财阀利用上述方式获得资本积累的最典型例子是纺织工业的发展。多种国有资源有助于在工业中形成集中趋势，这就是殖民时代过后工业发展的主要原因。共和国的宪法授予李承晚政府干预私人企业的合法权利。李承晚政府用控制生产、税收、贸易等方式来抵御外来竞争，促进本国工业的发展。在贸易控制上，政府保证被许可的进口商得到原棉，同时抑制外来的竞争者。除法律控制之外，政府还控制着大量的工业资源、资金，甚至原材料。1954年，大部分原来由日本人掌管的工业部门被政府接管，最终被转化为私有。

在这些重要的资产中，日本的纺织工厂起到了主要作用。1945年解放后，政府将这些企业变成大型的国有企业，投资维持这些工厂运转，并暂时将其置于政府的保护之下。此后这些企业逐步被出售给私人企业。在韩国战后早期的工业结构中，这些企业的巨大规模使得他们在整个国家日益增长的纺织工业中扮演了重要的角色。其结果就是在1950年代出现了为数不多的几家大型纺织企业。在这些企业的私有化过程中，政府仍通过国内贷款和国际援助促使它们集中。

三星的第一纺织公司和第一制糖，金颂功的金星纺织公司，还有随后的双龙集团，它们在战后的发展为资本积聚和裙带关系提供了充足的证据。我们不仅在新的财阀，而且在为数不多的殖民时期的企业精英中都能发现这种早期模式的影响。这些在殖民时期依赖性很强的资本家，他们如何把握本土的和新来的市场机会呢？在1960年代，轻工业产品（糖和面粉）的生产和贸易驱使着本土资本家进行投资。几个主要的大资本家同时意识到与政府保持密切联系的必要性，这可以保证得到企业所需的授权、信用贷款及外汇。金渊秀和朴洪锡就是其中的两个受益者。

殖民时期企业管理和投资的经验及资金基础，使早期的几个精英人物（如金渊秀和朴洪锡）能够与大量企业竞争，并从新的市场环境中获益。他们不但学会了如何管理企业，而且学会了如何与政府打交道。现在，他们找到了适应新形势的方法，就是要适应李承晚政府的野心、控制欲以及模糊的经济政策取向。国家主义和资本主义带来的双重挑战还在继续。1948年，金渊秀和朴洪锡以在殖民时期的"反国有化罪"而被捕入狱，1961 年他们的公司又以同样的罪名被起诉。虽然经审判他们被宣告无罪，并且也没有其他的企业家有过这样的遭遇，但是在这样形势下，企业家们确实很难掌握政府的意向。

三洋公司的转变过程比和信公司进展得更顺利。虽然经历了南北分裂、朝鲜战争和解放后的土地改革以及在此过程中被剥夺了大部分的农业投资，金渊秀仍然能够在制糖业继续投资，并在战后建立了一家贸易公司。金渊秀在投资转向上的努力，在很大程度上揭示了第一共和国中管制与机会并存的新发展模式。他的公司很快在国内的糖料市场中占据了很大的份额。如果在殖民时代庆星纺织公司是在金渊秀和他的三洋集团的管理下繁荣起来，那么战后是国内外的援助使它得以恢复。金渊秀在 1945 年 12 月放弃了一个纺织工厂的经理职位，把它交给自己的姐夫管理，但一直保持着家族对该工厂的投资。解放后这家工厂被改名为 Kyangbang，并重新成为纺织业的领头者。1958 年，它拥有全国 8% 的纱锭。

朴洪锡在 1946 年 12 月将他的贸易公司改组，更名为和信贸易公司，该公司拥有四千万资金，由他的外甥管理。从 1946 年年末起，公司与中国的联系日益紧密，并把产品转向香港和澳门，1948 年在香港设立了分支机构。该贸易公司于 1950 年 1 月并入了拥有三亿元资金的"和信工业"，朴洪锡还控制了帝国纺织公司的仁川工厂，并于 1953 年建立了咸兴纺织公司，该公司用在轻工业的投入来平衡总公司在商业方面的投资。

对于金渊秀和朴洪锡在战后情况的回顾，突出了政企关系的两个特点。伴随着殖民时代的经历，在他们建立的大型家族企业的组织结构中，企业的"延续性"表现得很明显：这些企业由家族成员及直系亲属掌管，还包括对信用贷款的依赖，及对政府授权所得到的外国技术的依赖。这些企业在对李承晚政权的适应中使政企之间的密切联系更加显化。一旦李承晚政权与私人企业的相互依赖变得明显起来，他们就很快找到了合作的方式。

Kim（1987）指出，总体上财阀在这一时期还处于成型阶段，也就是说，虽然一些家族企业加快了扩张的步伐，但很少实施大规模的深化。在这一阶段，最大程度的深化仅发生在所谓的"三白"工业——糖、面粉和纺织业。作为其结果之一，一些财阀走上了合并的道路。例如，三星在制糖和羊毛纺织上的深化使之迈出了 10 次扩张步伐。三湖在棉纺织上的深化使它成为最大的财阀之一，并 5 次扩张，这一扩张过程一直持续到 1950 年代末。

虽然直到 1950 年代末，没有哪个财阀的扩张呈现规模经济的特征，但是一些财阀已经成为经济中的主导者。表 2.1 显示了 1960 年（即李承晚政权末期）韩国最大财阀的建立时间、成员公司数量以及主要的经营领域。图中显示，最大的 14 家财阀中只有 6 家形成于殖民时期，其他都形成于李承晚政府时期。这些财阀平均的子公司数目是 5.1 个，主要的经营领域是进口贸易、银行业和"三白"工业。

表 2.1　1960 年最大的财阀

财阀	组建年份	成员公司数	主要经营领域
三星	1938	13	进口贸易，食品，纺织，银行业
三湖	1950	7	进口贸易，纺织，银行业
凯丰	1949	9	进口贸易，水泥，银行业
大韩	1946	5	进口贸易，食品，纺织
乐喜	1931	4	进口贸易，消费化学制品
东洋	1956	4	水泥，食品
极东	1947	4	进口贸易，造船
大韩玻璃	1954	2	进口贸易，玻璃
东瑞	1949	2	食品
泰昌	1916	2	进口贸易，纺织
三洋	1921	9	进口贸易，食品，纺织，银行业，大众传媒
和信	1931	5	进口贸易，百货公司
现代	1947	3	建筑，水泥
双龙	1939	2	纺织，水泥

　　资料来源：Cho（1990）and Kim（1987）。转引自 Myung Hun Kang（1996）："*The Korea Business Conglomerate：Chaebol Then and Now*"，Library of Congress Cataloging – in – Publication Data.

第二节　韩国财阀的增长战略

　　企业集团的成长是在"深化"和"拓展"这两种进程的连续交替过程中

进行的。"深化"进程是指企业通过技术开发和规模经济而提高生产能力和生产水平的战略实施。"拓展"进程则是一种企业集团对自身业务的相关或非相关的额外扩张,更准确地说,它是指企业集团开发新业务的多元化或扩展现存业务的过程。在这样一种包含了"深化"和"拓展"的循环中,企业成长也完成了从巩固、扩张到成熟的演变过程。

韩国财阀正是沿着这样一条发展之路快速成长起来的。今天的大多数财阀形成于 1960 年代之前,不过,这些财阀的真正高速成长却始于朴正熙政府时代。在连续的五年经济发展计划的战略安排下,朴正熙政府实施的一系列倾斜和优惠政策有力地刺激了财阀的规模扩张。这些财阀也以一种"压缩式"的成长模式迅速完成了一个企业集团从巩固、扩张到成熟的演变过程。1960 年代是巩固阶段,在该时期,韩国经济持续高速增长,政府通过广泛干预的形式极力促进发展,"向内看"的发展政策逐渐被"向外看"所代替。1970 年代是扩张阶段,在这一时期,财阀与国家经济保持了同步增长,政府更为广泛地介入了经济。"向外看"的经济发展政策完全建立;经济结构由劳动密集型轻工业转变为资本密集型重化工业。1980 年代以后是成熟阶段,这一时期的韩国经济在增长速度上已经开始放缓,全斗焕政府以保持经济稳步增长为目标,降低了政府干预经济的力度,开始让市场发挥更大的作用。为了改变失衡的经济结构,政府开始加强对财阀的管理。然而,这一时期的财阀仍旧采取了大力扩张的发展势头,其原因在很大程度上是为了深化财阀结构,并保持在国内经济中的统治力。

一、巩固阶段

从政治经济的角度看,韩国在 1960 年代中期(并贯穿于整个 70 年代)形成了极权—强政府体制。政治上,1961 年 5 月 16 日朴正熙将军通过不流血的军事革命获取了政权。当时朴正熙主要担心的是朝鲜共产党政权,他知道,为了击败北方的共产党政权,惟有建设一个繁荣的国家,为此,必须把国家的所有能量都投入到经济现代化的建设中,并由国家担负起领导责任。其他的政策问题,包括政治自由化,则被放到次要地位。

经济上,为了尽快发展本国经济,政府主要采取了三项措施。一是在 1961 年 6 月,政府将主要经济决策部门的功能合并,建立了经济企划院,由一名常务副总理领导,全面负责制定和实施五年经济发展计划。此外,为监督经济日常运转,朴正熙在总统府设立了经济秘书局。二是对商业银行实行国有化，同时组建一批专业化银行如韩国发展银行（1961 年）和外汇银行（1967年）等，政府以此集中和分配非常有限的金融资源。三是确立了以出口导向为手段的发展模式。为促进出口，政府根据出口业绩将补贴性贷款平等地"奖赏"给任何有出口收入的企业。①

除了上述宏观方面的措施，朴正熙政府还意识到了加强与企业界保持密切关系的同时政府处于主导地位的重要性。为了加强双方的信息交换，在政府与企业之间建立了诸如"协商委员会"、"讨论组"等准政府组织，政府把各种行业协会作为与实业界的联系渠道，并向他们提供一些特殊优惠，如在成员企业之间分配配额。政府还利用各种不同的措施如审计目标企业的财务帐户来控制大财阀的经营方向。在控制和支持大财阀的措施中，政府最重要的措施是投资许可证和信用分配制度。此外，1960 年代韩国的国有企业私有化、地产投机以及越南战争等各种因素也为财阀的增长与巩固提供了历史机遇。1960 年代中期，韩国政府开始对一些国有企业进行私有化改革。这些国有企业基本上都是垄断企业，财阀早就对其有着浓厚的兴趣。同样是由于规模上的优势，这些财阀可以轻松地战胜非财阀企业，得到这些国有财产。虽然说获得这些财产的竞争也是非常激烈的，但那只是财阀之间的竞争而已。此外，与政府的关系在这一私有化过程中也起了很大作用。尽管并非所有的对国有企业的收购都会对财阀的扩张起到推动作用，但是财阀在这一过程中的确得到了不少好处，包括超长期的银行贷款，债务削减以及保护其垄断地位等。

地产投资对财阀的快速增长也起了催化剂的作用。在韩国，土地是价格非常高昂的商品，在过去的 40 年间，地价持续高涨。因此，地产成为财阀争抢的对象和手中持有的重要砝码。在这一过程中，与政府保持密切关系同样是至为关键的。首先，房地产市场中大部分都是由政府控制的，再者，政府的某些决策直接决定了房地产价格的走势。例如，如果政府发出即将在某一地区建设公路或政府办公楼的公告，那么这一地段的地价就会在一夜之间狂涨 10 倍以上。依靠政府的有力支持和内部信息来源，财阀们很容易就可以通过地价上涨来牟取暴利。此外，地产还可以作为抵押品来向银行申请贷款。很多时候，一个财阀投资办厂的决定是建立在该地区地价将会上涨的消息基础上，而不是基

---

① Lee et al.（2000）的研究同时表明，这种资源分配方式之所以取得成功的一个重要原因，是它能够有效地阻止政企合谋而产生的寻租行为。不过，根据 Kang（1996）的分析，这些资源主要还是流向了少数财阀手中。尽管如此，从资源分配所依赖的标准来看还是相当公正的。事实上，为了获得政府的补贴性贷款，即使是财阀之间也存在着非常激烈的竞争。

于生产的需要。

最后，越南战争也是一个不可忽视的促进财阀发展的原因。许多韩国财阀都从这次战争中获利甚丰，其中获利最多的当属韩进集团，越战时期，它几乎垄断了韩国与越南之间的陆路和海陆运输，为美军提供服务。几年之后，韩进集团从政府手中购得了韩国航空，一跃成为韩国最大的财阀之一。除了韩进，其它的一些财阀尤其是建筑企业，也从战争中获得了可观的利润。在此期间，韩国的对外贸易快速增长，继韩进之后，许多财阀都建立了自己的销售公司。

二、扩张阶段

1970 年代，令韩国政府和大企业家们非常自豪的成就是他们已经建立起了包括制鞋、造船、钢铁、化学等行业在内的许多世界级大企业。政府通过计划和金融补贴等方式资助一些大规模项目的发展，私人企业展开了激烈的"进入门槛"竞争。其结果，大的财阀再一次取得胜利，并在政府的极力保护下以前所未有的速度扩展起来。不过，在这一过程中，韩国财阀也获得了一些不那么光彩的绰号，比如，它们通过合并扩张而取得的惊人的发展速度被形象地比喻为有着强壮吸盘的"章鱼爪"和有着贪婪食欲的恐龙，它们多种多样的经营结构又被誉为"百货公司"，事实上，它们的经营的确无所不包，小至批发零售，大到造船、汽车。

财阀的极度扩张开始于朴正熙政府 1973 年颁布的《重化工业宣言》。从该宣言的颁布起，韩国正式开始实施重化工业产业政策。为了尽量缩短时间，充分利用规模经济，尽快建立资本密集型中间产品部门，政府决定挑选一些大财阀作为依靠对象，并为他们提供极为慷慨的金融支持。通常的做法是，政府指定某个人或某个企业对某个项目投资，并分配给他指定数额的银行贷款和引进的外资。

由于政府的支持，这些财阀迅速提高了在 GDP 中的份额。对于企业来讲，只要他们服从政府的命令，就会获得大量的优惠资源。因此，那些能接近政府并忠实顺从政府重化工业产业化政策的财阀在 1970 年代和 1980 年代都获得了巨大的增长，比如现代、大宇等都是在 1973 年政府颁布《重化工业化宣言》以后，迅速调整战略适应政府政策而发展起来的。而那些没有进行调整的财阀的发展步伐则要慢许多，典型的例子如三星。虽然该企业在轻工业领域的投资也在逐步减少，但在该领域内的投资仍占其总投资中的很大比重，同时它还在其他耐用消费品如电子设备领域进行了大量投资。因此,与其他财阀相比,三星的发展就要相对慢一些。从各大财阀在不同时期的排名情况可以直观地看出这一点:1975 年,三星在所有财阀中排名第一,现代和大宇分别排名第三和第七;而到 1985 年时,三星降至第三,现代和大宇却分别上升至第二和第五。

三、成熟阶段

进入 1980 年代,越来越多的韩国人开始强烈地意识到,由少数一些财阀控制整个国民经济对他们所要求的民主来说是非常危险的。迫于国内外经济环境的变化,政府的财阀政策也发生了一定的变化。整体上看,有三个方面的特点决定了这一时期的政府—财阀关系以及财阀增长方式。首先,已经成为韩国经济发展核心战略的出口导向型工业化在这一时期开始受到一系列因素的影响。这些因素包括出口市场上不断抬头的贸易保护主义,沉重的国家债务,国际市场上持续波动的利率、汇率和能源价格,以及国内政治的不稳定。

其次,在这一时期政府的主要经济政策是在稳定中追求平衡的增长。为此,全斗焕政府作了一些重要的政策转变,比如通过减少政府干预和进口自由化而创造一种更多依赖市场的经济运行机制;对中小企业部门给予更多的关注;产业政策从过去的战略产业导向性政策逐步转向项目或功能指向性政策等。

再次,从 1980 年代开始,韩国政府对财阀部门实施了管制政策。最大财阀的财务状况和(通过兼并方式实施的)扩张行为以及他们的房地产投资,开始受到政府严密的监控。此外,政府颁布实施了韩国历史上的第一部反垄断法——《公平贸易法》。总体上看,相关财阀政策的政府决策过程体现了一种较低极权、高度复杂性和高标准化的特征。不过,对于某些支持和管制功能(比如大量廉价金融资源的分配以及产业机构的重组),政府的决策过程仍是高度极权、复杂和随意的。

最后,尽管政府对财阀部门实施了管制政策,但这一时期财阀仍旧以一种比国民经济快得多的速度壮大起来了。最大 10 家财阀的价值增值总额在 1979～1985 年期间几乎翻了一倍。

1980 年代以后,尽管财阀的增长模式较之以前发生了一些变化,但政府对财阀的积累依然有着非常显著的影响,主要手段还是产业信用配给以及对许可证的控制。在 1980 年代,财阀成长进入了成熟期,它们的增长几乎不再依靠横向拓展而是大量地向纵深发展。这一特点可以从表 2.2 中得到证明。该表列举了1965、1975、1985和1994年的前十大财阀，从表中可以看出，1965年的前十大财阀中只有三家持续地保持了他们的领先地位，而1975年的前十大财阀中有七家在1985年依然保持在前十名中，1985年的前十大财阀则只有两家在1994年跌出了前十名。

表2.2　韩国的最大10家财阀

1965	1975	1985	1994
三星	三星	乐喜	三星
乐喜	乐喜	现代	现代
双龙	现代	三星	LG
Panbon	韩进	鲜京	大宇
三湖	晓星	大宇	鲜京
三洋	双龙	双龙	双龙
东洋	大宇	韩进	韩进
大韩	斗山	韩国火药	起亚
凯丰	东亚建设	大林	韩国火药
和信	新东亚	晓星	乐天

资料来源：Myung Hun Kang（1996）："*The Korea Business Conglomerate：Chaebol Then and Now*"，Library of Congress Cataloging – in – Publication Data.

　　清单的变化反映出1965～1975年期间财阀的变化较大，而在1975、1985和1994年期间却变化较小，这一事实说明，主要的财阀集团在1975年以前就已经巩固了他们的地位，并且开始能够依靠自己的力量显示他们的生存能力。从那时开始，这些财阀（尤其是最大的几家财阀）开始持续地扩张并加强他们在韩国经济中的支配地位。表2.2间接地证明了我们的判断，即财阀的增长阶段是在1965年之后的十年，此后他们经历了巩固和成熟阶段。在这一过程中，它们至少在名义上经历了朴正熙政府、全斗焕政府以及随后的卢泰愚政府在财阀的增长模式、多元化、所有权结构、投机以及过度负债等方面的严格管制。

　　尽管在名义上受到了政府的严格管制，但事实上这一阶段财阀的扩张与政府的作用仍是密不可分的。它们在许多方面仍然受到了政府的保护和支持，主要包括：

（1）财阀仍旧能够独享许可证的好处。在全斗焕政府时期，政府在1980年采取了一项重要的重组重化工业的措施即所谓的8/20和10/7法令。尽管这些措施没有按照计划最终全面完成，但他们的实施将重化工业转变成了一个由为数不多的财阀所控制的、更为集中的产业，每一家财阀都处于垄断地位。

（2）财阀仍旧能够获得由政府所控制的廉价的金融资源。1983年，韩国政府对商业银行实行私有化改革，但具有讽刺意味的是，尽管政府从银行撤出，它们却要求银行经营者的任命要经过财政部批准，从而仍然保留着对金融资源的控制。这样，和前20年一样，政府仍旧能够通过控制金融资源的数量、价格和配给而对企业生存和扩张施加影响。事实上，1980年代早期前十大财阀比一般企业更加依赖借款：它们的83.5%的资产增长是依靠债务融资，而韩国企业的平均比率大概是65.2%。1982年韩国政府首次向公众公开给与财阀的国内信用分配数量，最大五家财阀占了国内信用总量的26.4%。至于金融资源的价格，自从1982年韩国政府连续地将银行借贷率从17%降至10%以后，国内银行借款开始变得更具有吸引力。据估计，前十大财阀总共节省了38000亿韩元，这个数字相当于1982年M2的4.6%。①

（3）依靠政府的支持，财阀通过进入中东市场的建筑业而获利丰厚。1979～1980年间的第二轮石油价格上涨使得中东各国的政府收入急剧增加，并扩大了他们对于建筑业的需求。在1970年代，韩国的建筑公司曾成功地进入中东市场，尽管1980年代以后由于石油价格下降，建筑业出现了萎缩的趋势，但在1980～1985年这段时间内，韩国海外建筑业的总收入仍能占到韩国商品出口总额的39.4%。在海外建筑市场，大财阀们尤其活跃，在韩国总的国外市场份额中占了很大比重。1980～1985年期间，韩国十大财阀的海外建筑业占韩国总海外建筑业的49.8%。韩国政府通过发放营业执照，提供支付保证金，批准企业对竞标的参与权，为每个企业设定标价以及批准合同等手段，有力地控制着韩国企业在海外的建筑市场。

（4）政府对大量"管理不善"的财阀实施了拯救。在1980年代，有许多财阀由于经营不善而无法承担债务责任。韩国政府运用不同的措施，从提供银行贷款到对公司进行重组，根据时间、产业类型和重要程度对这些管理不善的财阀实施拯救。1980年代早期，政府首先在重化工业行业实施了拯救计划，

---

①　Myung Hun Kang（1996）："*The Korea Business Conglomerate*：*Then and Now*"，Library of Congress Cataloging－in－Publication Data.

在政府帮助以及国内市场和出口市场复苏的刺激下，那些在重化工业行业中经营不善的财阀有了很大的改观。

进入1980年代中期以后，海外建筑业和国内造船业的一些企业暴露出经营不善的严重问题。由于1980年代早期的油价下跌，许多韩国建筑企业面临严重的困难。他们忙于残酷的行业竞争（包括与其他本国公司的竞争），因而陷入流动资金短缺的困境。一些中东国家政府取消了正在上马的建筑工程，他们经常拒绝以货币支付，取而代之的是提供比国际市场油价高出许多的半成品油作为回报。结果使得很多韩国建筑公司处于破产的边缘。为了拯救这些企业，韩国政府加大了对它们紧急贷款的数量，在1984～1985年间，这一贷款数额一度超过10000亿韩元。虽然有了数额巨大的资金注入，这些建筑企业中的大多数仍然无法度过财务危机，最后政府不得不关闭了一些最糟糕的公司。1986年，韩国政府重组了50家管理不善的公司，包括国际集团的23家成员公司，三湖集团的4家公司，汉阳集团的2家公司，还有一些其他韩国大型建筑公司如庆南企业、明胜建筑公司以及庆南建筑公司。在这些公司中，韩国政府安排了一些大型财阀如大宇、韩进、双龙以及大林等对其进行接管。在企业重组中，政府采取了大量的优惠措施。

1980年代中期以后，韩国造船业中出现了许多管理不善的公司。在1970年代，朴正熙政府将造船业定为国家的战略性发展行业，对其加大力度进行开发。每一年，朴正熙政府都会制定造船目标，并为达到这一目标的造船公司提供巨大支持。1986年，韩国的造船能力已经处于世界第13位，不过行业扩张的资金均来自于借款。在1982～1986年期间，每年韩国的造船业作为一个整体都要遭受大约2000亿韩元的净损失，其资产负债率从1981年的4.60上升到1985年的26.30。在1985年和1986年，韩国政府为造船业提供了29000亿韩元的贷款，并为他们制定了极为优惠的税收政策。

（5）1980年代政府实施的金融自由化改革使财阀进入金融领域成为可能。在全斗焕政府时期，政府对金融领域实施自由化改革，允许私人企业进入非银行金融部门（NBFIs）。政府改革的初衷是为了促进金融市场的有效竞争与发展，但在一个由少数大财阀控制的经济体系中，结果却事与愿违。如果仅从数字结果看，政府的愿望是达到了：NBFIs储蓄占国内总储蓄的比重，从1980年不足30%上升至1990年代初的60%；同样，其贷款比重也超过商业银行。NBFIs的快速发展主要得益于它们比商业银行拥有更为自由的利率和贷款政策。但可能出乎政府预料的是，NBFIs正在代替商业银行成为财阀的主要融资渠道。数据显示，在韩国企业的融资结构中，NBFIs 贷款和直接融资所占的比重，1980 年时为 38.1%，1990 年却急剧上升到 69.3%；相反，银行贷款的比重却从 1985 年鼎盛时期的 35.4%，下降到 1990 年的 16.8%（Lee et al.，2000）。

公司融资结构变化的结果之一，是财阀相对于政府的独立性加强，因为他们不再主要依赖政府控制的银行贷款。同时，财阀通过控制 NBFIs 的所有权，进一步加强了其独立性。到 1988 年，最大的 30 家财阀拥有 12 家证券公司（全国总数为 25 家），18 家保险公司（总数为 35 家）和 18 家投资信托公司（总数为 38 家）。尽管政府对 NBFIs 的股权结构进行限制，但这些财阀总能通过直接或间接的方式，控制这些非银行金融机构 30% 以上的股权，进而控制整个公司（Lee et al.，2000）。

快速的多元化扩张显示了韩国财阀跳跃式的成长模式。在 1972～1979 年期间，前 9 大财阀的成员公司数量明显增加，进入产业的范围也显著扩大。其中成员公司数量由 1972 年的 72 家增加到 1979 年的 231 家，按照两位数的行业分类标准，这些财阀进入的产业平均数量从 1972 年的 8.0 增加到 1979 年的 17.9。这说明，这些财阀在其原有经营领域不断扩张的同时，也将触角伸向了其他领域。从 1979 年到 1985 年，这 9 大财阀继续高速增长，但其平均的成员公司数量和进入的产业数量却几乎没有变化。总体上，这些财阀的销售量的年均增长率达到 34.5%，同期的真实国民生产总值以及扣除通胀因素的 GNP 指数的年均增长却分别只有 5.4% 和 9.9%。这些财阀的成员公司的数量仅仅增加 2 家，从 1979 年的 231 家增至 1985 年的 233 家；所进入的领域数量也变化不大，从 1979 年的 17.9 升至 1985 年的 20.0。韩国财阀的这些变化与 1970 年代的高速增长形成了鲜明对比，其原因很大程度上要归于 1980 年代韩国政府对大财阀扩张的严格限制以及对财阀内部结构实施的合理化改革。这些事实证明，如果说 1970 年代是财阀迅速扩张时期的话，1980 年代则是其成熟期。

第三节　五大财阀的成长史

一、三星

三星集团是目前韩国规模最大、效益最好的企业集团。在诸多方面，三星集团都可以称得上是韩国经济领域的先锋，这可能也是其创始人李秉喆被称为"韩国财界之父"的原因之一。

李秉喆早年曾留学日本早稻田大学专业部，因病休学后从事精米业及运输业。1936年在韩国马山开办了一家米面加工铺，之后又收购了原来日本人经营的"马山日出汽车会社"，从事运输业。并于1938年在大邱成立三星商会，这就是三星集团的开端。那时，资本金只有3万韩元，主要业务是把浦项产的干鱼和大丘产的果物出口到中国的北方地区。不过，开始真正意义上的国际贸易业务，还是从1948年11月在首尔成立的三星物产公司起。当时的主要贸易业务是把海产品出口到香港、澳门、新加坡等地，同时进口钢材、医药品、白糖、缝纫机和化肥等。1951年，在釜山成立了三星物产株式会社。刚刚成立6个月就实现盈利10亿韩元，1952年1月已实现利润20亿韩元，走上了快速成长之路。

从贸易业实现了资本的原始积累后，李秉喆决定把在流通领域挣到的钱投入到生产领域。1950年代，韩国政府实施进口替代工业化战略，三星抓住了这一机遇创办进口替代产业。当时，与居民衣食住行密切相关的四大产业（即纺织、面粉、制糖和水泥）成为政府恢复经济的重点。政府对从美国援助韩国的原糖、纱线等物资的加工及在国内的销售实行"实际需要者承包制度"，由政府限定一定利润，分配给特定的企业。依靠与李承晚政权的密切关系，并从日本引进比较先进的制糖设备，李秉喆于1953年11月在釜山成立第一制糖，1956年5月在大丘建成第一纺织，所生产的糖和毛织品以大大低于同类进口产品的价格取代了进口货，成功的占领了国内的糖和毛纺织品市场。1956年购买了兴业银行和韩兴银行的巨额股份，成为这些银行的最大股东。这些收购使三星集团实现了生产、流通、金融的一体化，从而具备了成为财阀的基本条件。

1960年代是三星的多事之秋。1961年，李承晚政权被学生革命推翻，朴正熙建立了军事革命化政权，李秉喆被冠以贪污的罪名，被迫向政府交纳了8亿韩元，银行也由政府接收。1962年，他创建了可年产尿素33万吨、具有划时代性规模的韩国化学肥料公司。但就在工程将要完工的时候，发生了震惊全韩国的糖精原料走私案件。建造"韩国肥料"需要进口许多建材，其中包括白色水泥。他们在企图把糖精原料当作白色水泥走私时被海关发现，酿成了恶果。最终李秉喆不得不把三星集团51%的股份捐献给国家来了结此事。这一事件给了三星以巨大的打击，尤其是三星与朴氏政府之间，由于在朴氏政府发迹之初就与之存有嫌隙，二者的关系就更加微妙了，以至于在这之后，三星拒绝了赛杭汽车公司、亚细亚汽车等公司的再建任务。另一方面，由于意识到造成这一事件的原因来自于人事管理的松懈，此后的三星便开始实行不惜对职员给予降职处分的严格管理，因此也就有了李秉喆的那句名言，"企业就是人"，企业的财产来源不是权，也不是钱，而是人，是经营产业的人。若干年后，三星开始公开招聘职员，这也是韩国最早以这种形式录取职员的财阀。

对于急于打开经济局面的朴氏政权来说，不能无视李秉喆的能量。1963年李秉喆创建了东邦生命保险公司（现在的三星生命保险公司），接管了新世界百货商店，1965年创建了全州制纸公司。1969年，当时韩国国内有23家收音机生产企业、8家电视机生产企业，以及其它电子企业共1456家。三星响应"培育出口产业"的政府号召，打算进入电子产业并把它培育成出口产业。但其它电子企业都反对三星参与进来，认为如果三星参与电子行业．将会独霸国内市场。韩国电子工业协会以国内供给过剩为由极力反对三星电子工业的成立。商工部也在舆论的压力下，不敢批准成立。李秉喆不得不去面见朴正熙总统，终于得到政府许可，创立了三星电子工业公司和三星电机工业公司。这就是如今享誉全球的三星电子的前身。在这期间，他还设立了堪称韩国先驱的文化财团，并将触手伸向了中央日报、东洋放送、成均馆大学等领域。

1970年代是韩国重工业化时期，三星也参与了这一过程。但相对于现代和大宇，三星参与重工业的积极性并不高。1974年，三星集团建立了三星石油化学公司、三星重工业公司，1977年创建了三星综合建设公司，1978年创立了韩国工程公司。在并不重视重工业发展的同时，李秉喆把重点放在了其他方面。1975年三星物产被韩国政府指定为第一家综合贸易商社，成为三星集团发展史上的又一里程碑。然而，三星在1970年代的最大事业还是电子部门的充实。1970年，三星创立了三星电管公司，1973年，创立了三星电子零部件工业公司、三星科宁（玻璃）公司，1974年，创立了三星半导体公司。三星电子进入半导体领域是一项重要的选择。1974年12月收购韩国半导体（株）的韩方股份，进入半导体领域。1977年12月又收购了韩国半导体（株）的美方股份，并改名为三星半导体进行独立经营。1980年1月将三星电子和三星半导体合并为三星电子。当时韩国国内还没有半导体产业，基本上是从零开始的。但十多年后的1994年，韩国的半导体出口额已达到了126亿美元。特别值得一提的是三星电子是世界上第一个开发成功64MD和256MD DRAM的企业，半导体销售收入在全世界排在第11位，并在DRAM单一产品上成为世界第一。

三星集团在1970年代创立的这些新型事业，往往采用与日本企业合资或引进日本技术的方式。例如，三星重工公司是与日本石川岛播磨公司合办的企业（1980 年代后日方撤出），三星电管公司是与日本电器公司（现在的 NEC）合办的企业，三星电子零部件公司则是与三洋电机公司合办的企业。在纤维部门，1972 年创立的第一合成纤维公司是与东京人造纤维公司合办的，三星精密公司是与日本美能达公司、三星石油化学公司是与三井石油化学公司及美国阿莫可化学公司等联合创立的。

1980 年代是三星集团的二次创业期。到 1970 年代末，三星集团已涉足 13 个行业，实现了多元化经营；进入 80 年代之后，三星集团在关联多元化和垂直系列化方面有了进一步的扩张。

1980 年代，与日本企业交往甚密的三星集团曾向日本请求转让大规模集成电路的技术，但日本的所有厂家均拒绝了这一要求。但正好在此时即 1982 年，由于美元升值，美国企业采取了加强韩国生产力来与日竞争的新举措。这之后，执着于半导体事业的三星在高科技领域内与美国企业的联系开始逐渐加强，开始倾全力于半导体、计算机、生物工程、飞机零部件等所有高科技领域的开发。其中对存储器器件的集中投资，为 1984 年在销售额上终于战胜竞争对手大宇集团打下了基础。在韩国各大财阀对随机存储器（DRAM）显露出全面兴趣时，三星已于 1984 年率先引进了英特尔等美国企业的技术，开始了 64K DRAM 的批量生产。1985 年，半导体行业转入世界性不景气阶段，参与竞争的公司纷纷驻足观望，犹豫不定，而三星却对此不屑一顾，坚持赶超先进国家水平的一贯方针，继续加速开发。1986 年，三星开始了 256K DRAM 的批量生产，与此同时，一兆存储器（1M）的开发也获得了成功。三星集团一方面加强在美国的研究开发体制，一方面接受国内政府的帮助，在这一研究组合制度下，三星完全掌握了这一领域的主导权。1987 年，三星完成了 4M 的开发，已然处于世界领先地位。

为了降低开发成本，半导体部门后来并入了生产家电的三星电子公司。1990 年代，由于日元再度升值及韩国在美国的市场迅速回复，三星 16 兆存储器的市场占有率不断扩大。1993 年，在世界 DRAM 市场上，三星终于超过了日本电气公司、东芝等日本厂家，获得了名副其实的世界第一的殊荣。在产业界，企业间的彼此超越极为激烈，而韩国的企业成为世界第一，在工业化史上，三星的半导体行业是第一次。除半导体外，三星还与美国的休雷德、帕卡得公司合资，从 1985 年开始生产工作平台、打字机等，不过投资规模不大。此外，三星电子还拥有家用电脑部门，但 1980 年代后半期，由于实行进口自由化政策，台湾产品大批进入，致使三星的产品竞争力受到一定影响。在具有资本密集型及装置设备产业性特点的半导体方面，韩国财阀的活动能量得到了充分发挥。而在家用电脑方面，由于过分拘泥于零部件的国产化，在零部件的供应能力以及机型变化的快速化方面，韩国的企业则无法与台湾中小企业相匹敌。

总体上说，三星在1980年代引人注目的是以下几点：一是组装加工工业的高附加价值化；二是老行业的高科技化；三是为实现情报化、软件化在服务业方面所作的准备。而所有这些均与现在的事业密切有关。

先看第一点。随着美国外沿产业的扩大，引进美国技术，由韩国负责生产的事业模式形成。例如，三星电子公司与美国通用电气公司合作生产医疗器械（1984年），利用通用电气公司的技术生产飞机零部件，利用美国联合工业技术公司的技术生产引擎及战斗机雷达系统以加强防卫产业的力量（三星航空产业公司），三星重工业公司也曾向克拉克公司提供铲车。

从第二点来看，拥有悠久历史的老企业第一合成纤维公司、第一制糖公司，为追求高附加价值化而跻身于新领域，就很说明问题。第一合成纤维公司的发展范围包括录像带、室内装饰织物、一次性照相机等的生产，第一制糖公司则开始生产干扰素、肝炎疫苗等医药用品，并在美国设立了独立的研究所，加强了生物工程部门的力量。1991年，第一制糖公司开始生产合成洗涤剂，1992年，又开始生产洗发液等。

从第三点来看，1984年，从事系统开发的三星数据系统公司创立（1987年与国际商业机器公司合资后实力增强），其后又先后创立三星信用卡公司（1988年）及国际证券收购公司（1992年），加强了三星集团在金融行业的力量。此外，还建立了韩国安全系统公司（警备保证公司，1981年）。

1980年代三星的另一重大事件就是1987年李秉喆的去世，三子李健熙接任董事长，三星集团进入第二代体制。李健熙于1988年对三星集团的业务进行结构调整，宣布三星电子、半导体通信合并。李健熙在集团创立50周年的纪念大会上宣誓进行第二次创业。

进入1990年代，由于开始参与石油化学产业和汽车产业，三星在事业的选择上显示出"李健熙特色"。这两项新事业的开展，使三星成为名副其实的网罗了所有行业的"综合性财阀"。

首先，在石油化学方面。1983年，政府调整重化学工业投资的工作基本完成，三星集团下属的第一合成纤维公司在1980年代后半期开始生产用作材料的 TPA，第一毛织公司则进入 PS 领域。这种依靠新型事业加强下属企业力量的步骤完成后，在政府的投资自由化政策指导下，李健熙创立了三星综合化学公司（1988 年），和在此之前成立的三星石油化学、第一毛织的合成树脂（ABC、APS），与现代集团一起实现了从原油分解到石化产品的一条龙式生产体系，完成了在一个行业上的垂直系列化。由于国内设备过剩，政府准许后来企业进入石油化学领域的前提条件是承担出口 50% 该产品的义务。由于韩国厂家相互竞争激烈，海外市场状况严峻，就连三星也罕见地在整个 1990 年代为巨额的赤字所困扰。这本来就是一场集团资金力量的竞争，不出人们所料，在实力上更胜一筹的三星存活了下来，而经营首先开始恶化的，是起步在先的大韩油化公司。人们常常这样评价三星："进来时排在第二名，到最终却总是第一名"。

由于汽车事业也是较晚才开始，引起的产业政策方面的问题就更大了。伴随着 1986 年的《工业发展法》而出台的临时措施在 1989 年结束后，韩国政府已无法在政策上限制汽车投资。三星抓住时机立即进行投资申请。这一举动自然遭到了以现代集团为首的既有 5 大公司以"过度竞争"为名进行的激烈反对。但三星最终还是引进了日产内燃机技术开始了大型商用汽车的生产。到 1994 年，三星又进一步将曾是大宇集团合作伙伴的日产汽车公司拉了过来，开始了小轿车的生产。1990 年代，韩国政府认为各财阀以往的水平性的事业多样化造成了经营资源的分散，不易发挥竞争力，因而倡导每个财阀选定自己的"主力事业"。三星于是选择了电子、化学和机械装置产业，由此可见三星集团抱有推进汽车产业的强烈意愿。但事与愿违，这成了三星集团发展史上的最大败笔，1997 年的金融危机将刚刚成立的三星汽车彻底打垮并成为沉重包袱。

伟大的先辈留给三星的经营理念是"事业报国"、"人才第一"和"合理追求"。在 1960～1970 年代，当许多事业还处于成长阶段，企业与政府的关系及企业本身的社会成熟度都不完善时，这一理念是十分先进的。然而，1980 年代尤其是后期以来，外围环境发生巨大变化，民主化已成定局，而在过去不可想象的国际竞争如今已充斥着每一个角落。同时，三星的奋斗目标本身也由成为韩国第一变为世界第一。因此，李健熙董事长适时提出新的理念，那就是"自律管理"、"重视技术"、"尊重员工"和"国际化"等。

在事业方面，1990 年代三星集团开始对内部重复部门进行整顿。1992 年，全州制纸公司、朝鲜饭店、新世界百货商店陆续从集团中分离出来，三星电子公司、三星电管公司和三星数据系统公司等相互重复的计算机企业也得到整顿。另外，由于三星电子公司的影响日益世界化，三星物产公司的声望逐渐减小，李健熙董事长缩减了三星物产公司的设计规划部门，将剩余人员分配到销售部门。

三星集团的国际化进展迅速，造成了各企业海外网点过密，以致总数达到了 270 个之多，间接成本负担越来越重。为此，三星集团大规模地实行了将权限转让给当地的措施，其中包括在当地设立总部，合并管理部门，将研究开发部门合并为综合研究所等。不过，无论是在国内还是在国外，这些改革并不是单独进行的，它更注重强调合办及合作的大方向，在实行海外管理本地化的同时，更强调韩国国内的国际化。一般的韩国企业已认识到，海外管理的本地化，离不开韩国国内的国际化。而三星集团的改革，正是最深刻地理解了韩国特色的"国际化"的产物。

此外，在"自律管理"方面，组织改革的重点放在决策的迅速化、灵活化上。长久以来，人们对三星的人才培养政策评价颇高，但反过来，三星对应聘者的优惠待遇又使得中高层管理职位增多，形成了光是总经理人数就超过了 120 名的庞大僵硬的组织结构。而提出的组织改革的重点，也正是出于对这一现象的反思。例如，三星电子公司原有负责半导体、家电、计算机、情报通信 4 名总经理，后合并为 1 名。在人才培养方面，三星也一改以往的以教习指导为中心的做法，每年向海外派遣 400 名单身职员，使他们成为通晓当地事务的专门人才。

在管理上，李健熙体制已完全建立。本来李健熙有两个哥哥，大哥李孟熙，曾就任第一肥料集团董事长，很早就率领安国火灾保险公司离开了三星集团的领导层。二哥李昌熙原先一直经营着一家叫做新韩媒介的公司，1991 年去世。除李健熙董事长外，其五妹李明熙的丈夫郑在恩也曾加入经营领导圈，但随着新世界百货商店及朝鲜饭店的分离而离开了三星集团。大姐李仁熙于 1991 年底把全州造纸会社从三星脱离出来，并创立了韩率制纸会社。二姐李淑熙嫁给了 LG 集团的具滋学。另一个姻亲洪锡炫博士曾担任三星科宁公司的副董事长，但是，在 1994 年的人事变动中，洪锡炫转到其父洪进基的公司——中央日报工作。李健熙董事长只有一个儿子，因此在下一代中，将没有什么选择余地。

1990 年代下半期，三星集团经营管理改革的特征是：象征着董事长权力集中制的董事长秘书室，由原来的横向机能型组织大幅度地改组为纵向事业型管理组织。李健熙董事长明确宣布，将上一代传下来的决策比率由原来的董事长 80%、秘书室 10%、下属企业 10% 分别改为 20%、40%、40%。董事长助理也不再像原来那样单纯负责集团内部调整等工作，而是成为组织经营系统的核心，其重要性更加增大了。据说，三星的上一代人之所以破例将继承权传给第三个儿子，就是为了防止家族内讧，防止家产分散。然而，第二代管理者如果要成功经营一个庞大组织的话，就必然要转向组织系统管理。尽管这样多少会造成家产的分散，但在事业的天平上，却会使日益走向世界的三星品牌增加分量。李健熙已经认识到了这一点，他赞同属下提出的"要走出家族的怪圈就要更换全部"的看法，并表示肩负三星集团未来发展的主力军，应该是那些具有创新的思维方式和"如果必要更换全部"的意志，即求变求新式的人物。

就是在这种先进思路的引导下，三星集团着重强调高端产品的研发，并迅速摆脱金融危机的阴影。1997 年三星与 IOC 奥林匹克委员会举行签字仪式成为其合作伙伴，使三星享誉世界。1999 年三星电子成功开发出世界上速度最快的 1G 中央处理器（CPU）。2000 年三星集团实现利润 8.3 万亿韩元，并于次年打入中国 CDMA 市场。

二、现代

现代集团与三星集团共同构成了韩国财界的两大主轴，谱写了韩国的财经史。说到现代，就不得不说郑周永，就象提到松下就要提到松下幸之助，提到 SONY 就要想起盛田昭夫一样。

这位被评为 20 世纪十大企业家之一的现代集团创始人，最初是在首尔的一家米店当送货员，后来收购了这家米店，并于 1938 年成立了庆日商会。在收购米店之后，郑周永涉足的第二个生意是汽车修理业。1940 年郑周永设立了"亚都服务社"从事汽车修理业，但由于 1942 年日本下了企业整理令，以战争需要为名强行将他的修车铺与一个钢铁厂进行合并，他被迫回到了乡下。

解放后的 1946 年 4 月，郑周永在首尔成立了"现代汽车工业社"，从事汽车修理业并第一次使用"现代"这一商号。但一般认为，现代集团的母体是 1947 年 5 月成立的被称为"现代土建社"的建筑企业。1950 年 1 月，现代土建社和现代汽车工业社合并为现代建设。朝鲜战争爆发后，郑周永随军奔赴首尔，开始了军用车辆的修理服务。不久，他又开始着手美军方面的建设工程，现代集团的基础得以奠定。战争结束后，战后重建工作给现代建设带来了发展的契机。在国土开发计划的指导下，郑周永承揽了汉江桥的复修、京釜及湖南等地高速公路的建设等项目。1957 年现代建设跻身于韩国国内六大建设企业行列，其地位已十分稳固。现代建设是现代集团的火车头，现代集团正是以现代建设为核心逐步发展起来的。

1960 年代是韩国经济的起飞阶段。在这一良好的成长背景下，现代建设又实现了长足的发展。1962 年现代建设成为韩国第一大建设企业。不仅如此，它还是韩国第一家进入国外建筑市场赚取外汇的企业，1965 年现代建设承担了泰国高速公路建设项目，这成为韩国建设史上划时代的里程碑。1967 年，它又承接了总工费高达 67 亿韩元的昭阳江多目的大坝修建任务。

1958 年，郑周永还创建了生产沥青的金刚公司，1962 年，创建了丹阳水泥公司，1969 年，又创建了生产混凝土的东西产业公司，开始向相关企业进军。由于郑周永两度从事过汽车修理业，现代建设公司内部也设有重机械工厂，所以以此为基础，1962 年从事贸易业及机械、汽车零部件制造的现代洋行成立。1967 年，与美国福特汽车公司合作的现代汽车公司创立，现代集团正式进入了重工业领域。现代汽车是现代集团发展中的又一个支柱。

1970 年代是现代集团历史上值得浓墨重彩的时期。1973 年，响应政府的重化工业宣言，现代集团开始大规模进入重化工业，先后成立了现代重工（1973）、现代汽车服务（1974 年）、现代电线（1975 年）、现代综合制铁（1977 年）、现代精工（1977 年）、现代车辆（1978 年）、仁川制铁（1978 年）、大韩钻业（1978 年）、现代重电器（1978 年）等。除此而外，又成立了许多与建设业相关的企业，如白济钢筋混凝土（1975 年）、东亚产业（1976）、高丽港湾开发（1976 年）、韩国铺设建设（1976 年）、韩国都市开发（1976 年）、汉拿建设（1977 年）、金刚木材（1978 年）。此外还有现代综合商社（1976 年）、现代商船（1975 年）等。可以说现代集团的大部分企业都是在 1970 年代成立的。从 1973 年到 1980 年期间现代集团实现了年平均增长811% 高纪录，创造了现代神话。

到 1970 年代初为止，现代集团只是在重工业部门占有稳固地位。1973 年现代集团的销售收入为 510 亿韩元，远远小于 LG 的 1370 亿韩元和三星的 980亿韩元，甚至落后于 1968 年刚刚成立的大宇集团。而在韩国实行重工业化计划以及石油危机之后，现代集团一跃成为韩国的最大财阀。1973 年韩国政府颁布了雄心勃勃的重化学工业化计划，大力发展重工业。政府的安排使现代集团在 1972 年 3 月承接了建设一所规模为 100 万吨的造船厂并且郑周永用诚意和信誉使希腊船王利瓦诺斯定购了两艘 25.9 万吨的超级大油轮。对郑周永来说，这是"一生中最大的冒险"。因为按照建设的惯例，都是先造船厂，尔后再造船。而郑周永与众不同，在工厂建设之时，一艘 25.9 万吨级的大型油轮的建造也同时上马。并且在此之前，甚至韩国还没有一家公司造过 1.7 万吨级以上的轮船。而现代集团既没有造过一艘船，也没有任何设备、技术和资金，但最终，造船厂用了 27 个月的时间完成了船只的建造。郑周永"边建厂，边造船，建厂与造船同时完成"的这一创举，在当今世界造船史上开创了前所未有的先例。但是由于油价暴涨，市场萧条，购船人交纳了 15% 的罚金后拒绝购买船只，使郑周永面临非常危险的境地。这时，政府伸出了援助之手，在 1976 年帮助他组建了现代商船公司，把未卖出的油船纳入了现代公司，往韩国运载原油。在石油危机结束后，油轮热出现，凭借良好的信用和低价策略，现代造船公司蔚山造船厂因此连连接到大批的订货单。现代集团技术水平的提高直接反映在其事业的扩大上。使用平底货船运送在蔚山制造的套管，甚至连保险都没有加，使得世界的专家们都为之大吃一惊。随着造船业的发展，1974 年现代工程公司及生产船舶用涂料的高丽化学公司成立；1975 年，专门从事船舶修理的尾浦造船所及专门负责焊接的瑞韩开发公司成立。

在汽车领域，1974 年 2 月现代汽车售后服务株式会社成立。1975 年现代汽车造出了韩国第一辆国产汽车，推出韩国国内第一个汽车品牌"小马"，并在意大利都灵国际汽车展上亮相。现代汽车也由此确立了韩国汽车制造第一企业的位置。1976 年 7 月，现代汽车首次向厄瓜多尔出口两辆"小马"牌汽车，开创了韩国汽车出口的历史。

现代建设在 1970 年代进入中东建设市场，先后在沙特阿拉伯、伊朗、伊拉克等中东国家承担了大型建设项目。1976 年，现代集团击退了其他先进国家的企业，承接了总工费高达 15 亿美元的沙特阿拉伯舒伯尔港的建设项目，并比合同提了 8 个月时间完成。这一巨大承包建设工程的成功，为韩国建筑业进入世界建筑市场带来了划时代的转机。参与了大部分政府的中东市场项目并获得丰厚资金的现代集团，在 1970 年代后半期，依靠收购方式开始向事业的多元化发展。1976 年，韩国辅装建设公司、韩国都市开发公司成立；同年，作为贸易公司的现代综合商社成立。1978 年，继仁川制铁公司之后，现代集团又收购了大韩铝业公司、汉李建设公司等。在这一时期，最引人注目的是以现代重电机公司、现代车辆公司、现代发动机公司为代表的机械部门的充实。这与三星、LG 等集团在 1970 年代后半期着重加强电子部门力量的做法形成强烈对比。

进入1980年代，国内外经济环境开始变得对韩国财阀不利。1979年，朴氏政权倒台，1980年上台的全斗焕政权为了倡导清廉政治，针对国民对财力过分集中表露的不满情绪，开始着手抑制财阀势力；经历了两次石油危机，世界经济停滞不前，使得韩国财阀面临的外部经济环境变得不再有利；财阀们以往在新兴产业上的投资竞争激烈，还存在着投资过剩等问题。基于1970年代实施重化工业战略所带来的一系列不平衡问题，韩国政府于1980年8月、1981年2月两次强行对重化学工业进行调整。在朴氏政权的重工业化路线下登上了最大重工业财阀宝座的现代集团，理所当然受到了严重的冲击；再加上中东建设市场的萎缩和造船业的不景气，现代集团的成长势头开始放缓。

为了适应新的环境，现代集团开始改变重工业比重过大的比较单一的集团结构，向电子等其他领域扩张。1983年2月成立了现代电子。与家电部门占很大比例的三星集团及LG集团不同，现代电子公司的重点在于半导体和计算机的集中生产。半导体行业的特点是产品的生命周期短，设备投资规模庞大，所以是风险较大的领域。日本的许多业内人士就认为，现代集团涉足半导体领域是不会获得成功的。现代集团也的确承担了较大的风险，遇到了一些波折。它曾尝试打入硅谷，但没有成功，1986年只得撤出。但1989年以后，由于引进了美国德克萨斯仪表公司的技术，并向该公司提供OEM，现代集团一兆存储器（1M）及四兆存储器（4M）的产量不断提高。1992年，由于美国市场需求扩大，现代集团的出口大幅度增加，到1993年，16M存储器的独立开发、生产获得成功，与位居首位的三星集团之间的差距缩小到只差6个月，并且确立了与日本富士通公司之间的合作关系。在计算机方面，通过与美国王码公司的合作以及对美国HDD厂家的收购，现代电子公司生产的工作平台的各方面水准，几乎赶上了早已起步的大宇公司。不仅如此，1993年，现代集团又和美国宇宙系统轴心公司（SSL）合作，开始着手于人工卫星事业的研究开发。除了电子行业外，现代集团也开始涉足金融领域。1980年代先后成立了现代火灾海上保险（1985年）、现代证券（1986年）、现代投资咨询等。此外，1984年还成立了现代商船。1980年代中期，由于政府实行石油化学产业设备投资的自由化，现代集团与三星集团一样，在没有任何基础的情况下，以产量50%出口为条件跻身于石油化学部门。1989年成立了现代石油化学，进入了石化行业。1991年，现代石油化学公司在大山石油化学工业区建立了原油分解工厂。同时，现代集团又进军合成橡胶领域，引进美国古德伊尔公司技术并与之签订了向该公司的亚洲据点供货的合同。这与半导体生产初期阶段所采取的基础培植策略如出一辙。然而，与 LG 等财阀偏重消费资材生产、注重精密化学制品等末端产业的做法形成对比，现代集团对包括能源产业在内的源头产业较为重视。这一选择使现代所具有的在能源领域方面的优势进一步得到加强。

在 1980 年代围绕着对原有工业的调整，现代集团做出了两个耐人寻味的反应，由此也可看出现代集团的企业品性。一个是围绕着发电设备生产问题而进行的骨肉之争。郑周永的二弟郑仁永，从 1950 年代起参加集团的经营管理，也是一个出色的领导者。郑仁永因建筑业方面的经营理念与郑周永不同而产生对立，1977 年带领以现代洋行为核心的汉率集团独立出来，之后相继成立了建筑、水泥、海运等公司，直至现代洋行被指定为发电设备的独家生产厂家。但是，这遭到了现代集团与美国威斯汀豪斯公司的联手反对，结果最后连三星、大宇的加入也被准许。在四大集团并存的过度竞争下，郑仁永从陷入困境的现代洋行中退出，而郑周永依然要为发电设备的生产殚精竭虑。郑仁永之下的三弟郑顺永，在得到现代水泥公司之后也独立了出去，小弟郑相永携金刚公司分家，这两家公司都没有郑周永的股份。郑仁永的争执和分手是造成上述和平分家的重要原因。郑周永在世时曾说过，在自己引退后，"也许统领集团的董事长职务将会消失"。没想到这真的成了一个谶语。再一个是独家生产汽车问题。从初期的以汽车修理为核心起步，逐渐打下了汽车产业基础的郑周永，当在 1980 年 8 月面临政府发布的从发电设备产业和汽车产业中任选其一的命令时，毫不犹豫地选择了汽车产业。政府原来希望通过现代汽车公司对赛杭汽车公司（美国通用汽车公司出资 50%）的收购，起亚产业公司向公共汽车、卡车的转产，使其实现民用小轿车的独家生产。但是，通用汽车向新公司出资 50% 是意图实现"世界汽车"的生产构想，而不愿被卷入通用汽车公司世界战略的现代集团拒绝了这一要求。结果，汽车产业形成了以独立研制为目标的现代集团和以通用汽车公司为主导的赛杭汽车公司（后被大宇接收）为主的二元生产体系。现代集团对外国企业主导经营不以为然的强硬态度，也顺应了政府渴望通过独立自主研制开发实现汽车国产化的心愿。

从此之后，现代集团最大的事业成就便是汽车产业的飞跃发展。1981 年，现代集团决定与日本三菱汽车公司进行资金合作（三菱出资 10%），1984 年，集团利用日本汽车生产限制的空子向加拿大出口 PONY 牌汽车。1986 年对美国出口开始时，正值日元升值，汽车出口出现热潮，尽管大宇等两家公司也加入了竞争，但就是这样，在达到竞争最高潮的 1988 年，现代集团仍创下了出口48万辆的记录。1989年，意气风发的现代汽车公司开始在加拿大动工兴建规模为10万辆的当地汽车工厂。但是，进入1989年后，劳资争端频起，工人工资上升，同时外汇兑换比率上扬，由于日元升值，进口零部件成本提高，现代汽车公司的产品在价格上迅速丧失了竞争力；而另一方面，已波及零部件厂家的劳资争端则造成了显著的生产停滞，质量降低。另外，由于现代汽车在旧车市场上评价一般，车型也较为单一，难以满足消费者的需求，因而对北美的出口锐减，在加拿大的汽车工厂1992年产量仅为11.5万辆，只有最高产量时的一半，与现代签有供货合同的美国克莱斯勒公司也停止了合作。到1993年，实际上运作率只有30%~40%的加拿大工厂面临着是否解散的抉择。

幸运的是，北美市场的困境由于现代集团国内市场的迅速扩大和市场的多种经营成功而有所缓解。在1989年仅为50万辆的韩国汽车市场到1992年达到了83万辆；1993年，已经直逼100万辆。已经稳固地拥有将近50%市场占有率的现代集团采取了加强国内销售的方针，实行开发多种车型和实现零部件国产化的策略。在民用小轿车方面，继1500CC的"STELLAR"后，1990年现代集团又推出"ELANTRA"。1991年，现代集团成功地实现了发动机的国产化（阿尔法引擎），开始开发生产商用小汽车，如使用国产发动机的"SCOOF"，将现代精工公司并入汽车公司后生产的四轮驱动车"GALOPER"等。1993年，现代集团又开始生产体育用车，成功开发了"库轮嘉"汽车的高一级机种"L2汽车"（3000CC级）。

另一方面，除北美市场以外，现代集团对统一后的德国以及东欧、北欧、澳洲、中南美、新加坡等地的出口则令人注目。尽管在加拿大的工厂摇摇欲坠，但现代集团仍在泰国建立了组装工厂；而在郑周永名誉董事长（1987年郑周永将现代集团总帅的位置让给了其弟郑世永）回到公司后的1990年代，现代集团又开始热心于向中国的投资。在国内外销售形势一片大好的势头下，现代集团又在全罗道的完州、丽川及釜山增设了新工厂。

尽管如此，这仍然掩盖不了现代集团及郑周永本人在1990年代的苦涩。首先，围绕着奥运会后的经济恶化形势，优先考虑物价稳定政策的政府与主张刺激景气恢复的经济界发生了激烈的冲突。景气刺激派的急先锋郑周永创立了国民党，开始向政界进军。在1992年春季的大选中，其经济思路赢得了许多共识，国民党逐渐壮大。但随后政府展开了一场批判运动，指责国民党"政经不分"、"是财阀肥大的象征"，对几个大财阀强行进行信贷限制，使得韩国最大的"财阀"资金周转恶化，引起了世界金融机构的恐慌。但是，郑周永并未屈服，他宣布完全脱离现代集团的管理职位，参加总统竞选，但最终竞选没有成功。他坦然承认"我不适合搞政治"，随后又重返财界。然而，这期间，担任现代商船公司副董事长的第五个儿子郑梦宪因逃税嫌疑被逮捕，郑周永的得力助手、现代集团的上层人物、曾一度有望成为国民党掌舵人的李明博被提名为民自党的候选人，与郑周永分道扬镳。郑周永自身也被起诉，罪名为在参加总统竞选时，从现代重工业公司的资金中非法挪用509亿韩元。另一方面，当其他财阀已基本平息劳资争端时，在现代集团，尽管已进入1990年代，劳资争端仍然不见收敛。1993年，7家公司一起罢工，政府甚至开始行使紧急调整权来对付其中的核心企业——现代汽车公司的争端。尽管在最后关头实现妥协，避免了政府的介入，但由于争斗持续了38天，现代集团出口损失达到1.34亿美元，销售损失超过1992年的4000亿韩元，达到了4057亿韩元，分包企业的关联损失达到2000亿韩元。

由上述这两个事件可以看出，尽管1987年郑周永已离开，但现代集团依然受到他个人的强烈影响。不光在资金方面国民党与现代集团关系密切，而且在郑周永的两次竞选中，他也动员了集团的大量职员。尽管形式上他已退出了现代集团，但劳资争端长久不止的一个重要原因也在于，工会方面提出的与郑周永直接对话的要求总得不到实现。令人惊讶的是，在如此混乱的局面中，现代集团的机制并未遭到破坏。从集团全体的销售额来看，尽管从1980年代后半期起其销售额首位的位置被三星夺去，但到1991年，由于汽车、造船业的销售旺盛，现代集团又重新夺回了销售额首位的位置，纯利润比第二位高出许多。1992、1993年，现代集团以微弱劣势排在第二，但与以管理严谨著称的三星集团之间并不存在明显的差距。

这一时期，其他财阀已完成了新老交替，正逐步转向重用高级专业科技人员的组织经营管理体制，而创业者健在的现代集团依然维持一种家族内多数人参加经营管理，家长以自己的权势统领全局、调配员工的传统经营管理模式。

但是，传统的东西在新的形势下是很难有效的，特别是在危机的冲击下。1997年的那场金融危机席卷了整个韩国，现代也不例外。而就在这个紧要关头，1999年3月，这位叱咤韩国半个多世纪的韩国首富永远地闭上了双眼。正像他生前所说的那样，现代再也没有出现统领集团全体的董事长。1999年4月1日，现代百货从现代集团旗下分离出来，由其三子郑梦根掌管。8月，按照他的遗愿郑世永开始负责现代产业开发，并从集团分离。2000年9月现代汽车集团从本部分离，由倍受郑周永青睐的次子郑梦九掌管。2002年2月，现代重工业集团分离，六子郑梦准是其最大股东。2003 年 8 月，五子韩国现代峨山公司董事长郑梦宪跳楼自杀，震撼韩国朝野。据韩国检察机关表示，郑梦宪涉嫌向朝鲜赠送 5 亿韩元，以换取现代峨山公司在朝鲜的垄断地位。不过，郑周永之后的现代带给人们的也不全是坏消息。经过调整，在现代分家后的仅一年时间，现代汽车集团就跻身于韩国 4 大财阀之列。

三、LG

LG 是英文 Lucky 和 Gold‑star 首写字母组合，汉语称之为乐喜·金星。与完全依仗领导者个人的强大意志发展起来的三星或现代等集团不同，LG 集团原本就是由具仁会和其弟具哲会以及具哲会之女的婆家人许准九这两个家族共同创业而成的。

1947 年，在具仁会和弟弟具哲会经营的贸易公司倒闭后，二人与具哲会女儿的婆家人许准九一道，创立了制造化妆品的乐喜化学工业社（现在的乐喜公司），这就是 LG 集团的开端。当时，朝鲜半岛解放不久，通过常去图书馆学习，他们掌握了生产制造技术，开始生产发油和化妆品。当进口化妆品充斥韩国市场之时，他们推出了第一款国产化妆品——乐喜雪花膏。当时备受消费者的青睐，引起了很大轰动。不久，为了制造这些化妆品的容器，他们开始生产塑料制品。具仁会把"制造国民生活必需品"确定为企业的宗旨，生产了大量与国民生活息息相关的日用品，从而改变了韩国民众的日常生活习惯。甚至在战乱年代，LG 集团也坚持不懈地开发生产了梳子、肥皂盒、餐具等合成树脂产品。这一切，为 LG 集团今后事业的发展打下了基础。

1958 年 10 月，他们成立了韩国最早的电子工业会社——金星社，开始涉足电器、电子机械部门。这便是韩国电子工业的开端。他们从联邦德国收集收音机元件，并聘请联邦德国的技术人员来韩国进行现场指导。仅用了 10 个月的时间就首次装配出电子管收音机，开创了韩国电子业的历史。在当时提倡使用国货的浪潮下，LG 集团家电部门生产的收音机、电风扇、冰箱等销售旺盛，家电部门不断扩大。在 1960 年代末三星集团介入上述部门并展开激烈竞争之前，金星公司始终独占着家电产业的利润，被誉为"家用电子之王"。就这样，LG 集团逐渐成为拥有从合成洗涤剂、香波直至电话交换机、电梯等众多独占产品的财阀。

1970 年 1 月，具仁会去世后，包括具哲会在内的他的 5 个弟弟及他的 6 个儿子参与经营管理，后经共同协商，具仁会的长子具滋暻被选为董事长。这以后，LG 集团在两家一族的共同经营下不断繁盛发展。

LG 集团的一个显著特征就是积极地与外资合作并引进技术，据此不断地向前发展。在初次涉足家电行业时，LG 集团就从日立制作所得到了技术帮助。1962 年，又得到日立电线公司的帮助，创立了金星电线公司。1979 年，为了生产电话机，LG 集团与西德西门子公司合资创立了金星通信公司；为了生产按键等附属品，与阿尔卑斯电器公司合资创立了金星阿尔卑斯公司；又与日本电器公司（现 NEC）合作创立了金星电器公司（1991 年被金星通信公司收购）。1974 年，与日本富士电机公司合资创立金星机电公司。1976 年，金星精密公司成立。1978 年，该公司收购了日本三菱公司的合资企业新荣电气公司，发展成为现在的金星机电公司。1979 年，金星半导体公司成立，最先涉足高科技领域。1982 年，LG 集团与美国霍尼韦尔公司共同出资设立金星霍尼韦尔公司，以充实计算机控制系统。

而为这一系列电器、电子部门的迅速发展提供资金来源的，是于 1967 年与德士古石油公司合资创办的湖南精油公司。湖南精油公司在第一次石油危机后的原油价格的腾飞中获得了巨大的收益，这正是 LG 集团得以不断向新领域发展的稳定的物质基础。

至于化学部门，1968 年设立的乐喜·大陆碳精公司（现在的乐喜素材公司）是与美国企业合办的。1978 年，作为原油分解中心的乐喜石油化学公司成立。1979 年，乐喜聚脂化学公司成立。这一切，都为 LG 集团向石油化学领域发展打下了基础。

由此可见，LG 集团事业的开展，与他们积极引进外资并拥有湖南精油公司有着很大的关系。这与其他财阀依赖政府的金融政策，按照政府的要求加入新兴领域的模式有所不同。例如在金融、保险部门，泛韩火灾保险公司自成立之后，基本上没有什么积极的动作。1973 年成立的乐喜证券公司也是与日本日兴证券公司的资金合作兴办的"外资依存型"企业。1980 年，集团资金状况恶化，釜山投资金融公司、金星投资金融公司的成立，多少缓解了当时的局势，金融部门的力量也得到加强，但其所占比例很小。

另外，尽管 LG 集团号称四大财阀之一，但其依靠出口得到的利润还不到全部利润的三分之一。在贸易方面，尽管 1953 年 LG 集团设立了半岛商事公司（现 LG 商事公司），但却未能像其他公司那样，使贸易公司起到整个集团的海外事业窗口或瞭望塔的作用。在其他财阀的强项——建筑业方面，LG 集团也拥有乐喜开发公司（1969 年成立）、乐喜工程公司（1978 年成立）等建筑公司，但销售额所占的比例很小，而 LG 集团的基础——石油化学工厂所占的优势也有限。由于拥有重机械、重机电产业的比例不大，在 1980 年代政府实行调整重化学工业的产业政策时，LG 集团几乎没有受到什么影响。

到了 1980 年，韩国的产业政策的中心从发展重化学工业转到扶植半导体、计算机、生物工程、新材料等高科技产业上，LG 集团和三星集团一起，最早对此作出反应。首先，在 1985 年，LG 集团在靠近汉城的京辎道建成了第一研究小区，并将金星电线公司、金星电器公司等 7 家公司的研究所统一安排在那里，加强了综合利用的效果。这一体制后来成为民间研究所的模式。核心企业乐喜公司的中央研究所在大德科学研究小区内承担生物工学、工程学、塑料制品的开发研究工作，而位于汉城九老工小区内的金星公司的中央研究所则承担半导体、系统工程、计算机外围机器的开发研究工作。

在强调独立自主地进行开发研究的同时，LG 集团继续在高科技领域贯彻历来实行的合作战略。1984 年，他们与美国霍尼韦尔公司合作创立了金星霍尼韦尔公司（生产自动控制系统），1979 年成立的金星半导体公司于 1988 年与美国 AT&T 公司合办后，改为金星情报通信公司。在随机存储器（DRAM）方面，由于 1985 年前后半导体行业不景气，LG 集团的投资不够果断，使其起步略晚。但是，1989 年，LG 集团成立了金星电子公司，通过与日立制作所合作，1990 年，该公司生产出了 1M DRAM，1991 年开始生产 4M DRAM，最后终于生产出 16M DRAM，赶上了三星。同时，LG 集团并不拘泥于独立开发的路线，在进行需要大型投资的存储器的生产时，他们与日立制作所合作，采取引进技术，提供 OEM 保证销路畅通的方针，与三星集团的自主开发方式形成强烈对比，颇具金星特色。

另一方面，为适应国内对石油化学制品需求扩大的状况，乐喜公司于 1988 年与美国联合公司合资创立了工程塑料公司（生产尼龙等），与美国通用电气公司合作开始生产聚碳酸脂。同时，湖南精油公司开始生产聚丙烯，并与日本三菱化成公司合作生产对苯二甲酸。这样，末端产品的生产部门已基本稳固。到 1989 年，乐喜公司又出资创设了乐喜石油化学公司，继油公·大林产业公司之后，获准开展原油分解业务，确立了石油化学产业的一条龙生产体制。其后，由于三星、现代等集团不顾政府的反对，也加入了石油化学行业，使 LG 集团的运作率降低，收支状况恶化。但尽管如此，由于末端产品生产部门的销路已得到确保，1992、1993 年，LG 集团的赤字仍远比上述财阀要少。不仅如此，由于末端产品开发不断扩展，乐喜公司的生物工程产业日渐兴旺，设在美国的乐喜生物工程技术研究所与国内的中央研究所同时进行研究开发。研制内容主要以干扰素、抗生素、无公害农药为主。在医药方面，也取得了无愧于"富于才智的财阀"这一称号的成果，如向英国格拉克索公司输出技术等。

LG 集团不光是与外资合作，近年来还与国内的竞争对手进行了不少所谓"战略性的合作"。例如，金星公司与三星电管公司之间的 2000 件特许交换、与韩天电子公司共同进行的 CD 视盘的技术开发等，都是很典型的例子。但 LG 集团的合作路线也有一定的弊端，这一弊端在国内企业间的合作上还不明显，而当下属公司与外国企业合资过多时便暴露无遗。那就是在企业组织的整顿过程中（为响应政府的倡导，实现经营管理合理化而进行的下属企业的分离、吸收及合并等组织系统的整顿），LG 集团的进展比其他财阀困难得多。

此外，在制造业方面，LG 集团在实行扶植技术密集型产业的方针的同时，也在为向情报化、服务化发展作准备。1984 年，LG 广告公司成立，1985 年，金星软件公司成立，1986 年，STM 公司（与美国 EDS 公司合资，负责情报处理业务）成立。1988 年，LG 信用卡公司（负责金融业务）、喜星观光开发公司等相继成立。

1990 年代，LG 开始积极推行国际化和本地化的战略。1991 年为了掌握高清晰度技术，LG 集团曾收买美国杰尼斯公司的股份。而从 1989 年左右起，世界化水平几乎已经赶上日本的 LG 集团的家电产业开始逐步转向当地生产的模式。在开展国际化战略的进程中，乐喜公司的重点除了家电外，还有电器、电子产业。金星公司与三星电子公司一样都是海外投资的急先锋，由于先进国家的市场竞争激烈，生产成本过高，从 1990 年代起，金星公司的海外（彩电）市场由北美转移到了墨西哥，可以说，它是采取了一种迂回战略。另外，金星公司对开拓中国及一些原社会主义国家的市场也很热心，除了早就设点的中国以外，在吉尔吉斯坦及匈牙利也有他们的据点。最近，该公司转而积极投资建立当地销售型的企业，开始在东南亚一带组织加工费低廉的小型彩电的生产。另一方面，作为世界五大聚氯乙烯生产厂家之一的乐喜公司，从 1983 年开始与沙特阿拉伯合资生产塑料，1990 年又与德国海克斯特公司、日本伊发公司等合作开始在马来西亚生产脂肪醇、聚氯乙烯等，此外，在泰国、印度尼西亚、匈牙利等国也开始设立生产据点，这些也都采取合资形式。

LG 家族的联盟是在合议制下产生，而合议制的基础就是井井有条的秩序环境，这种秩序环境即使在韩国，也被认为极具"儒家色彩"。这种以"和"

为重的企业文化也深刻影响着 LG 集团的下属企业。然而从另一个角度来讲，这种企业文化也存在着一定的消极作用，例如，企业内部"过分强调协调优先，事业的决策不够迅速"，"论资排辈严重，人事上难以做到赏罚分明"，"下属各公司之间易于串通蒙混过关"等。1980 年代后半期，劳资争端频起，长期保持国内市场占有率首位的 LG 集团的家电部门被后起之秀三星取代。在劳资争端发生的同时，越来越多的家电输入韩国，流通领域的自由化也在不断发展。面对着与日本产品的竞争，具滋暻董事长的心中充满了危机意识。这一切终于促使他下定决心改革 LG 集团。1988 年，整个集团范围内的改革开始。新的经营理念是："一切为了顾客的价值创造"和"尊重人格的经营管理"。为了与民主化、国际化时代相适应，LG 集团正在创造新的"崇尚人和的经营管理"的方式，并已作好迎接一切挑战的准备。新的经营理念不光影响到对今后事业的选择，也给经营管理的组织系统带来了巨大的变革。其中一个最大的改革就是 CU（Culture Unit）制度的采用。所谓 CU，就是将下属企业按照市场及事业特性（民生/产业之分、原材料业/组装业之分、流通业/存储业之分）、生产形式（多品种少量生产型/少品种大量生产型之分）、重点管理领域（销售成本/制造成本之分、流动资产/固定资产之分）、投资回收期限、企业文化等分为不同的集团，分别设立唯一的管理者，并将 CU 内部的经营管理完全让与的一种尝试。由于长期执行合作路线，LG 集团所拥有的企业数量众多。从一个个事业来看，以几乎独占市场的电线事业为例，它面向特定的顾客，目前的目标是降低价格，而与此同时，机械零部件领域的生产则竞争激烈，亟待解决销售成本过高的难题，这两项事业的同时展开引发了不少非议。正是这些矛盾促使 LG 集团开始实行经营管理机构的改革。改革后，集团在投资计划、资金筹措、干部人事、事业运营、各企业的对外活动等方面，积极主动地将权限移交给非本家族的总经理。在此之前一直负责统制下属系列公司的计划调整室，在保留整个集团的战略、财务、人才开发、宣传等机能的一部分后开始缩小，被改编为董事长室，其主要机能为支援各 CU 和辅佐董事长。此外，以往的总经理任命制度事实上往往为家族的意向所左右，采用总经理的任命必须得到人才管理委员会认证的制度后，从前的"密室选定"受到抑制，总经理的任期加长，集团的事业由此得以稳定地开展。

1995 年，具滋暻把职位让给其长子具本茂，并使 LG 比较平稳的度过了金融危机，依然占据着韩国财阀老二的位子。在企业制度上，具滋暻则引进了股份制企业制度来挑战传统的韩国经营模式。2001 年 4 月，LG 集团把 LG 化工分为 LGCI、LG 化工、LG 生活健康等三家股份制企业。2002 年 4 月，把另一支柱 LG 电子分成了 LGEI 股份有限公司和 LG 电子项目分公司。然后把相关的所属企业编入化工领域的股份制公司 LGCI 和电子领域的股份制公司 LGEI。这样，下属企业之间重复出资将得到遏制，可以确保每个下属企业的独立经营权。并且，总公司和子公司之间的关系如同玻璃球一样透明，所属企业之间的复杂关系也得到梳理。不过，各子公司仍可利用 LG 这个单一品牌发挥集团优势进行宣传，从而创造"一流 LG"。

四、大宇

大宇，在韩语中是伟大的宇宙的意思，是公认的韩国历史上发展最快的企业集团。1967 年，大型纤维企业汉城实业公司的优秀职员金宇中辞职，刚过而立之年的他在首尔创办了大宇实业株式会社。当时大宇实业是一个很小的纺织品外贸公司，资本金只有 500 万韩元，只有 4 名职员。短短 30 年里，大宇成为一个拥有超过 10 万员工，241 个分支公司的集团。

大宇实业公司创建后的一年内，金宇中在印度尼西亚兴办的合成纤维、经编织物等产业领域获得了极大的成功，建立了向东南亚各国市场发展的立足点。紧接着，他买断了三菱人造丝公司开发的三醋酸酯纤维技术，并将以此项技术生产的衬衫出口美国。由于此产品大受欢迎，1968 年大宇实业公司便作为对出口有贡献的企业受到了表彰。第一年的出口额就达到了 58 万美元。两年后的 1969 年，达到了 400 万美元。

进入 1970 年代后，大宇从纺织品出口转向成衣出口，并进一步开拓了海外市场。1969 年在新加坡、纽约、悉尼等地开办了支社。1970 年为确保原材料供应，在日本大阪成立了支社。由于美国市场需要的增加，大宇的出口额大幅增加。大宇之所以能够顺利启航，主要是因为顺应了韩国政府实施的出口导向政策，一开始就把海外市场放在企业发展的中心，并逐渐形成了"大宇精神"。

1970 年金宇中的合作伙伴离开了大宇，金中宇自任大宇社长，从此确立了金宇中体制。不久，美国开始出现限制纤维制品进口的苗头，金宇中抓住了美国对进口纺织品实行配额制的绝好机会，得到了大宇发展的第一个契机。那时，他得知美国即将实行纺织品进口配额制的情报。为了今后得到更多的配额，必须大大增加当年的出口数量，因为配额数量取决于实行配额制之前的实际出口额。为此，他以出口数额为第一目标，不计成本收益，孤注一掷，将

1968 年起辛勤积累起来的资金全部投入，并把大量的纺织品运到在美国的子公司租来的仓库里，这都成了进口记录。结果出口额增加了 5 倍，在亚洲纺织品出口企业中占据了第一位，结果获得了美国纺织品进口配额的 30%。由于1972 年美国对香港和韩国纺织品实行配额制，使大宇的纺织品出口变得利润丰厚。以此为基础，大宇将纺织品销售网逐渐扩大到欧洲。

在大宇集团以纤维制品的出口为自己打下了稳固基础的 1972 年，韩国开始实行第三次五年计划，下决心正式施行扶植重化学工业的战略。在原来一边倒的出口振兴政策向重化学工业化激励政策转变的形势下，对美出口获得极大成功而实力大增的大宇集团用纺织品出口赚取的利润和银行贷款开始了它的扩张之路。它主要是通过兼并并不景气的公司来开拓新领域的。1973 年，以收购双美实业 65% 股份为开头，大宇集团先后收购了三州大厦、大宇机械、新成通商、阳进土建、东阳证券（大宇证券的前身）、东国精密等十家企业，并成立了东阳投资金融公司。1974 年收购大宇电子交通会馆（大宇大厦）和大元纤维，1975 年大宇集团又向大韩教育保险公司和媲奥丽斯（化妆品）公司投资，寻求事业的多元化。经过几年的企业收购，大宇从一个纺织品出口企业逐步发展成为纤维、皮革及轻化工产品的制造、销售和出口的企业集团。

另外，从 1973 年起大宇开始涉足建设业。为了进入海外建设市场，它收购阳进土建并成立了大宇建设。之后向金融领域扩张，1975 年大宇实业被正式指定为综合贸易商社。综合商社指定制度是韩国为实现出口导向的工业化战略而制定的一项制度，被指定为综合贸易商社的企业可获得出口金融特惠．并可大大提高在海外的信誉。出口金融优惠对大宇集团的发展确实起到了重要作用。

从 1970 年代中期以后，大宇也开始向重工业领域扩张。从建设业到机械、造船业、汽车，大宇逐步改变了单一的轻工业结构。大宇继现代集团之后，也进入了中东建设市场，并逐步发展成为仅次于现代建设的第二大建设企业。

在 1970 年代．韩国政府对一般的资金供给卡得很死，而政策性金融则非常宽松，并有许多优惠。大宇集团由于及时响应政府的出口振兴政策及重化学工业化政策而得到了许多政策性金融贷款，因而打下了牢固的基础。此外，金宇中与朴正熙都出身于庆尚道的同乡身份，对他也非常有利。另一方面，在收购一些经营不善的企业时，政府在资金借贷上的优惠条件也给予了大宇集团以很大帮助。1976 年出于大宇集团在收购亏损企业并使之正常化方面表现出的非凡能力，韩国产业银行要求大宇收购韩国最大的发动机、车辆及产业机械生产企业——韩国机械。当时韩国政府为拯救在亏损中挣扎的韩国机械已向其他企业集团交涉过收购事宜，但都遭到拒绝。大宇内部也有许多人反对这桩收购。韩国机械成立于日本占领时期，是日本为制造潜艇而成立的，有40多年的历史，但从没有盈利过。不仅如此，企业的负债超过当时大宇的全部净资产。尽管如此，金宇中还是决定收购韩国机械。在收购韩国机械后，与大宇机械合并为大宇重工，金宇中亲任大宇重工社长。经过一年半的努力，终于把大宇重工改变为盈利企业，由此金宇中也名扬韩国内外。

之后，大宇又连续收购了制铁化学（1977年）、新韩汽车（1978年）和玉浦造船厂。玉浦造船和赛航汽车的收购也是在政府的要求下进行的。玉浦造船厂的船坞从1973年开始建设，但到了1978年还没有完工。政府要求大宇接管并完成这个工程，大宇答应了这个要求。作为回报，政府提供建设所需的资金，与美国谈判由大宇来负责美国第七舰队的维护和修理任务，在玉浦地区周围建立大型机械综合公司。赛杭汽车公司是同新进汽车公司合伙进行装配生产的丰田汽车公司撤走后，其与美国通用汽车公司合资设立的通用汽车高丽公司的后身。1976年新进的不法经营（经营亏损）暴露以后，出面与承担债务转移的韩国产业银行进行交涉的，就是已将韩国机械公司纳入集团内部的大宇集团。交涉主要以改订有利于通用汽车的合同条件及银行的负债处理这两点为中心，到1978年，终于使它们妥协。

大宇之所以能够大力向重工业领域扩张，尽管主要是很好地利用了给收购亏损企业提供的金融优惠，但也不可否认大宇在亏损企业改造方面的确具有独特的经营秘诀，例如玉浦造船厂转变成了世界最赚钱的造船厂之一，濒临破产的赛杭汽车一度成为韩国汽车的领军人物，这都是不得不叫人称赞的。

就这样，通过一系列的收购大战，大宇集团进入了机械、建设、石油精炼、造船、汽车等诸多产业，在1970年代极短的时间内，形成了综合性财阀的阵容，从"新兴财阀"中脱颖而出。

进入1980年代后，电子工业产业在韩国开始兴起。顺应这种形势，大宇集团开始向电子、半导体、通讯等领域进军。1980年收购了大韩通信工业公司，成立了大宇通信公司，1983年，又收购了名列同行业第3位的大韩电线公司的家电部门的家电部分，使只生产音响设备的大宇电子迅速壮大。同年又收购了大宇电子部件等公司。向电子领域进军的同时，大宇也把汽车业作为集团新的支柱产业重点发展，1983年正式将旗下汽车子公司"新韩汽车"更名为"大宇汽车"。

与其它新兴财阀一样，金宇中也不可避免地为筹措资金煞费苦心。除了从政策性金融中得到贷款外，这位被称为"金融魔术师"的人物发挥了他卓越的才能。在收购大战刚开始的 1973 年，大宇集团成立了东洋投资金融公司，并投资于忠北银行（地方银行）、第一银行（市中级银行）、韩美银行，收购了东洋证券公司和同行业中居首位的企业——三宝证券公司，成立了大宇证券公司，加强了金融部门的力量。在 1990 年代早期，大宇证券兼并了波兰的一家银行，这成为大宇在东欧转轨经济国家扩张的关键一环。伴随着事业的扩大，筹措资金的渠道也不断增多，这使得大宇集团能够在诸如栗山实业公司等新兴财阀没落之后依然发展壮大。由于 1986～1988 年日元升值而产生的出口繁荣使大宇集团获得相当大的收益，1987 年其在世界财富 500 强中排名第35 位。

自从 1980 年代末直至 1990 年代，大宇的发展战略口号是：外部扩张方式全球化和管理全球化。大宇通过商业的国际化来适应新的开放的市场环境。1991 年，因集团的多次劳资争端而心存不满的通用汽车公司撤出，其持有的50% 的股份由大宇电子公司、大宇通信公司、大宇重工业公司共同接受。1992年，大宇集团与日本本田技术研究所以"LEGEND"车（3200CC）为原型，合作生产高级轿车。自此，大宇集团的国际化战略摆脱了外资的束缚，独立而自由地开展起来。另一方面，由于劳资争端加剧，大宇造船公司的经营状况开始恶化。针对这一状况，金宇中将造船部门的销售额由 1989 年的 95% 降到了1993 年的 36%。同时，开始了微型汽车和卡车的生产，并将其销售额提到了36%。除此之外，他还向政府提出了包括直升飞机、潜水艇、挖土机、铲车等在内的彻底的多元化生产方案，并成功地获得了政府的援助。在小型汽车的生产过程中，大宇集团响应政府关于"国产汽车"的构思，与日本铃木汽车公司合作，1991 年开始生产并销售以"奥拓"为原型的小轿车"TICO"以及小型商用车。在以高级汽车为时尚的韩国，小型汽车的生产最初不为人所看好，但随着汽车热的推进，小型汽车的销售好转，大宇集团又开始策划生产1300CC 的小型汽车了。为了成为 21 世纪全球汽车巨头，大宇在经济处于过渡时期的东欧、南亚、中亚投入了巨额的资金。从 1993 到 1998 年大宇在波兰、印度、乌克兰、罗马尼亚、乌兹别克斯坦和越南投资建厂。大宇的汽车生产能力达到了 330 万辆/年。

到 1998 年末，大宇在国内拥有分支企业 41 个，75000 名员工，在 130 多个国家拥有 589 个外国分支机构。

然而1997的金融危机却使这个韩国特殊体制下的产物轰然倒塌。大多数人认为过度扩张、管理不善和融资的高杠杆比率是其衰落的原因。然而，如果是在1997年末或1998年初，大宇就开始其重组计划的话，那么破产就有可能避免。但是金宇中并不试图收缩其商业帝国的规模。根据以往兼并和金融举债而形成的快速增长以及"大马不死"的信条，盲目自信自己的政治影响力的金宇中，把这次危机看成是又一个千载难逢的扩张机遇，还在想着利用下一批贷款来兼并三星的汽车，双龙的摩托车和收购韩国第一银行。

终于，在1999年7月，大宇的债务已经不能通过正常的收入来进行偿还，这个曾位列韩国四大财阀的集团破产了，金宇中的大宇集团永远消失在人们的视野当中。2001年9月21日，美国通用汽车公司与韩国大宇汽车公司达成谅解备忘录，原则上通过了"通用"收购"大宇"的计划，历时一年的收购谈判也终于画上了句号。

五、SK

与三星以及LG等大财阀相比，SK是一家年轻的企业集团。因为随着近年来信息技术的蓬勃兴起，人们才逐渐接触到了其支柱产业——SK电子。其实，该集团的母体是创立于1953年的鲜京纺织品，已经具有50多年的历史，但作为一个具备正当规模的集团，可以说她只有20余年的历史。

1953年4月8日，在战争的废墟上，SK第一代领导人崔钟建从几台纺织机器起步，在水原创立了"鲜京纺织"。1962年8月设立鲜京产业株式会社。在韩国纺织出口远未达到成长极限时，崔钟建就预见到了这一天的到来。1969年，SK集团开始生产聚酯原丝，完成了从织物到原丝的第一次飞跃。在越战期间向美军供应军需，成为韩国劳动力密集型产业的先驱。这时，SK已经开始酝酿进入石油化工领域，与美资企业联合在韩兴建石化生产基地，搭建了鲜京石油等事业基础。1973年7月，鲜京石油株式会社正式成立。历经了20年的兼并扩张之后，崔钟建于1973年11月病逝。其弟崔钟贤继任鲜京集团会长。

崔钟贤毕业于首尔大学，之后又在美国威斯顿和芝加哥大学攻读化学、经济学和经营学。继任会长后，他以所学的专业知识改善企业经营管理，研究新技术，开发新产品，把"鲜京"从中等水平的企业发展成为韩国十大企业集团之一。于1980年收购了大韩石油公社，同年12月收购了兴国商社（即现在的SK能源销售）。1982年和1985年又分别创建了大韩石油公社海运和大韩石油公社天然气。1991年,SK完成了"从石油到纤维"的垂直系列化,同时蔚山CLX第四炼油厂等9个新工厂综合竣工。使能源化工——他的这个第一支柱产业日益丰满。目前,SK集团拥有韩国最大的炼油厂和48%的加油站。

在进行了长达十余年的准备后,SK涉足了当时人们还十分陌生的信息通讯业。1986年10月为了进军通信产业设立了美国当地法人。1988年在世界上最早推出了手机业务服务,1994年6月收购了韩国通信,一举成为韩国最大的通讯网络商。SK电讯缔造了韩国第一代模拟移动通信的时代,并由此开创了韩国移动通信服务的历史。1996年1月,SK电讯在全球首次实现了CDMA技术商用化,顺利完成了第二代移动通信的建设任务,同时也奠定了SK在世界移动通信市场上强有力的领先地位。目前,SK电讯是全球规模最大的CDMA移动通信运营商、全球十大蜂窝移动通信运营商之一,拥有1700万用户,占据着韩国CDMA 53.3%的市场份额。

1998年集团引进了新的企业创意体系,将公司名称统一改为"SK"。目前SK集团业务主要集中在能源化工、移动通讯、金融和物流四大领域。共有62家成员公司,在35个国家拥有112个分支机构,全球年度销售额超过400亿美元,是韩国第三大跨国企业。有人把SK集团的历史以收购大韩石油公社和韩国移动通信为起点,分为前史和后史。如果把后史作为其真正历史来算的话,可以看出他的年龄也仅用20多岁,正是意气风发的时候。

1998年8月崔钟贤董事长突然去世,这使没有明确接班人的SK集团遭受到了很大的打击。SK集团处于非常危险境地的消息在财界也到处传来传去。这时,SK集团第一任董事长崔钟建的长子、当时任SK化工董事长的崔胤源出面,组织召开了家族会议。在这次家族会议上,最终决定将家族成员存有的股份完全委托给崔钟贤的长子崔泰源董事长,并把集团的经营权交由职业经理人负责。按照家族会议所作出的决定,崔泰源董事长拥戴当时任经营企划室室长的孙吉丞为SK集团董事长,并建立"双董事长"体制。尽管"双董事长"体制只不过是向崔泰源董事长体制过渡的一个阶段,但是,谁也不能否定的事实是,围绕经营权移交问题,在韩国主要企业集团里,像SK那样没有出现过任何"杂音"的集团是非常罕见的。由父亲移交给"职业经理人+自己子女这一代人"这一过程是极为顺利地过渡的,并且孙吉丞当时坐着的位子是韩国大企业当中任何一位职业经理人谁也没能坐到的位子。

双董事长体制出台之时，正值韩国财阀处于剧烈动荡的激变期。结果，双董事长制反而为扭转这一激变期提供了契机。尽管许多企业集团未能渡过难关，惨淡经营，但SK集团此时却正处在"幸福的时刻"。SK集团不仅从一直位居4大国际石油公司之后，一跃成为国际石油公司的中心，而且高收益事业结构也得到了稳固。当然，它的成功主要是依靠其坚实的基础，很难说是归功于双董事长体制。可是，SK没有像一些大财阀那样由于在接班过程产生混乱而跌倒在旋涡中，相反这倒成了它飞跃的契机，从这一点来说，SK集团的经验值得借鉴和研究。

有个稳定的后方，接下来就是对企业的充实了。1999年SK集团决定收购第三大的竞争对手新世纪通信，崔钟贤的次子崔再源创造出把SK电子股份与浦项制铁的股份互相交换的"股份迂回突破方式"，并于2002年1月收购了没有重大资金负担的新世纪通信，对市场进行了比较成熟的整合。2002年，SK集团使韩国电力发展分公司等公有企业民营化。并积极参与了对现代石油化学公司的收购。在技术上，SK集团也依旧是那么朝气蓬勃。2000年9月，它在世界上首次推出了下载型无线互联网服务，2001年5月，成为全球第一个推出移动多媒体服务（VOD/AOD）的企业。2002年，SK电讯成功地在汉城地区开通800MHz宽带同步式IMT-20003G商用服务，这也是世界首次。而它必将继续引领第四代、第五代移动通信技术发展的潮流。在无线数据业务方面，SK电讯通过n-top模式，成功地在韩国聚集了2000多家内容提供商，开发出4000多项内容，并搭建了融合无线和有线的互联网服务平台——NATE，该平台也已拥有700万无线互联网用户。

2003年，年轻的SK为年轻的无知和莽撞付出了惨痛的代价。SK集团曝出12亿美元会计丑闻。韩国法庭2003年6月13日裁定，该国第3大企业集团——SK集团的实际领导人、SK株式会社董事长崔泰源以涉嫌幕后交易和商业欺诈，被判处3年监禁。孙吉丞被判3年有期徒刑，缓期4年执行。此外，包括SK株式会社总经理金昌根在内的SK集团其他8名高级职员，也分别被判2至4年有期徒刑，缓期3至4年执行。

不过，这一事件对整个SK集团的影响并不像人们想象得那样严重。在强有力的企业文化的支撑下，SK集团重新规划，又把目光放在了下一个十年，把生命科学作为下一代的核心产业。事实上，SK集团一直对医疗领域抱有兴趣，至今仍经营着韩国最早的制药企业之一——鲜京制药。他们把中国作为此项事业发展的平台，2000年，SK集团在中国上海设立了生命事业部。2001年

8月，SK集团与北京广安门医院全面合作，除了提供资金、设备之外，还组织了中韩技术人员互访和学术交流。当时定下的研究方向是如何筛选天然药物中的抗癌有效成份。2002年11月，它在上海市张江开发区成立SK生命科学研究中心，并同上海市科委合作，进行药物的研究开发，随后便是同中国中医药大学开展合作，并开始进行药厂的收购。

第三章

财阀的多元化发展战略

第一节 财阀的多元化动机

如前所述，韩国财阀都是一些大型的企业集团。其显著特征之一是多元化经营，而且是非相关性的多元化。这一发展模式迅速扩大了财阀的规模，在短期内聚敛了大量财富，并导致了韩国市场各个领域的寡头垄断结构。东亚经济危机后，韩国财阀的多元化扩张模式遭到了大多数学者的口诛笔伐，韩国政府也对其进行了切割式的强制性改组。那么，究竟如何看待韩国财阀的这种发展模式呢？本章从财阀的多元化动机、多元化模式、组织结构与管理体制等三个方面对该问题展开研究。

一、财阀多元化的规模

阿姆斯丹（Amsden，1989）认为，学习（与发明或创新相反）是后发工业化过程的核心。由于后发工业化国家（late - industrializing countries）的企业集团缺乏先进国家的企业的技术或营销能力，他们无法通过开发新的相关产品或进行高质量的产品生产的方式得到成长。因此，为了分散风险或是运用稀缺的资源，他们就大范围地进行多元化，进入许多非相关的市场。

在过去 40 年间，韩国财阀一直追求多元化的扩张战略，谋求建立一种"企业帝国"。在韩国，多元化战略已经成为国家经济政策的一部分。大财阀和政府都在努力创造世界级的大型企业，以期能在国际市场上具有强劲的竞争力，并为其以后可能的经济扩张打下坚实的工业基础，同时，也为不断增长的人口提供就业机会。在政府的支持下，大财阀得以能够实施"章鱼爪"（octopus - arms）式的多元化战略。看一看韩国财阀子公司的数量变化，就很容易发现他们迅速扩张的速度和规模。1995 年，韩国最大的 5 家财阀平均拥有 41.4 家子公司（4 家金融公司）和在 29.6 个产业（按照韩国标准产业分类中的三位数行业标准分类）中从事经营活动。1970 年，最大 30 家财阀拥有的子公司数量是 126 家，到 1995 年时快速升至 623 家，25 年间净增 497 家公司。① 表 3.1 反映了 1972～1995 年间韩国 9 大财阀的子公司数和产业进入数量。表 3.2 给出的大企业集团多元化的国际比较进一步证明，韩国财阀的多元化确实是相当惊人的。

在所有财阀中，最大几家财阀的多元化特征尤为明显。事实上，这些财阀活跃于几乎所有的生产领域，从造船到乐器制造，从石油提炼到日用品生产，从建筑业到航空服务业。到 1983 年，最大 10 家财阀控制了超过 200 家的法人企业。在制造业中，大多数财阀拥有至少两到三家大型企业（通常为重工业）和诸多可以生产不同产品的较小规模的企业。对于前 10 大财阀来说，平均每个财阀拥有 11 家制造业企业，前 50 大财阀的这一数字则为 6 家。② 尤其需要指出的是，前 10 大财阀通常还都进入了金融、贸易、建筑及其他非制造行业。

Zeile（1989）按照四位数的行业分类标准对韩国最大 50 家财阀在制造业中的多元化水平进行了检验。他使用了既能反映财阀积极活动于其中的产业数量又能反映不同活动所占比重的均衡程度的四个指数，指数 S^* 是财阀专业化比率的余数（complement），它表明财阀积极活动于偏离其主要制造业领域的程度；H^*（也就是经过修整的 Herfindahl 指数）显示了集团在制造业领域进行活动的整个分布情况。多元化的第三种测量指标 Sw^* 是基于制造业雇用量的集团专业化比率的余数。在一定程度上，一个集团的生产活动在要素密集度方面是不同的，这个测量指标可能会让我们对一个集团的多元化产生扭曲的印象，因为它给了劳动密集型产业过大的权数。最后一个测量多元化的指数 V^* 是在将垂直一体化或非常紧密相关的产业混合的基础上，显示一个财阀进入与其主要生产活动完全无关的多元化程度，显然，它可以被视为一种测量集团多元化的更低的约束标准。③

---

① Yoo, Seong Min and Youngjae Lim（2000）： "Big Business in Korea： New Learing and Policy Issues", in Kenneth L. Judd and Young Ki Lee ed. , *An Agenda for Economic Reform in Korea： International Perspectives*, Hoover Institute Press, pp88.

② Myung Hun Kang（1996）： "*The Korea Business Conglomerate： Chaebol Then and Now*", Library of Congress Cataloging - in - Publication Data, p120.

③ 多元化指数的计算方法如下：

$H^*=1-\sum Si^2$，其中 Si = 集团在其第 i 个制造业部门的销售额/集团的整个制造业销售额

$S^*=1-S$，其中 S = 集团在其主要制造业部门的销售额/集团的整个制造业销售额

$Sw^*=1-Sw$，其中 Sw = 集团主要制造业部门的劳动雇用量/集团整个制造业的劳动雇用量

$V^*=1-V$，其中 V = 与集团主要制造业部门垂直相关的所有部门的劳动雇用量/集团整个制造业的劳动雇用量

表 3.1　九大财阀不同历史时期的子公司数（进入领域数）

	1972	1979	1985	1995
三星	16 （15）	33 （26）	39 （26）	55 （n. a.）
现代	6 （5）	31 （15）	43 （23）	48 （n. a.）
LG	18 （14）	43 （24）	48 （24）	50 （n. a.）
大宇	2 （3）	34 （20）	29 （24）	22 （n. a.）
鲜京	5 （6）	14 （16）	14 （17）	32 （n. a.）
双龙	6 （7）	20 （13）	14 （15）	22 （n. a.）
韩国火药	7 （8）	18 （16）	21 （19）	
韩进	8 （10）	14 （16）	12 （16）	23 （n. a.）
晓星	4 （4）	24 （15）	13 （16）	15 （n. a.）
总数	72 （8.0ª）	231 （17.9ª）	233 （20.0ª）	267

注释：a. 代表产业数目的平均数。

资料来源：Kang（1996）；1995 年的数字来自 Lee（2000）。

表 3.2　大企业集团多元化的国际比较　　　　　　　单位：%

多元化类型	韩国（1989）	日本（1973）	美国（1969）	德国（1973）	法国（1970）	意大利（1970）
专业化	8.2	16.9	6.2	22.0	16.0	10.0
半专业化	28.6	36.4	29.2	22.0	32.0	33.0
相关性多元化	6.1	39.3	45.2	38.0	42.0	52.0
非相关性多元化	57.1	6.8	19.4	18.0	10.0	5.0

注：数据包括韩国 49 家财阀，118 家日本企业和各 100 家其他国家的企业。估计方法则来自于 Rummelt（1986）。

资料来源：Yoo, Seong Min and Lim Youngjae（2000）："Big Business in Korea：New Learing and Policy Issues", in Kenneth L. Judd and Young Ki Lee ed., *An Agenda for Economic Reform in Korea：International Perspectives*, Hoover Institute Press.

利用这些指标对韩国财阀多元化水平进行计算，将其结果综合起来，可以为我们提供许多有关最大 50 家财阀在制造业领域进行多元化经营的信息。表 3.3 的结果显示，平均每家财阀在 5 个不同制造业领域拥有公司，而且其中的次要经营活动占了财阀总的制造业销售额的 32% 和全部制造业雇佣劳动量的 28%。即使考虑到制造业活动的垂直联系，还是有 1/4 的劳动力是在与主要制造业完全无关的部门中工作的。该表还证实了一些学者的预测，即多元化的程度会随着财阀规模的扩大而提高，因为最大 10 家财阀的平均多元化程度是最大 50 家财阀的 1.5～2 倍。①

表 3.3 韩国财阀在制造业领域的多元化指数（1983 年）

财阀集团	在制造业领域的企业数量	H*	S*	Sw*	V*
最大 10 家平均	8.6	(3.86)	0.581	(0.280)	0.453
	(0.236)	0.560	(0.232)	0.455	(0.213)
最大 10 家平均	6.6	(3.81)	0.472	(0.283)	0.351
	(0.244)	0.437	(0.271)	0.321	(0.238)
最大 10 家平均	4.7	(3.16)	0.384	(0.254)	0.277
	(0.216)	0.320	(0.251)	0.243	(0.220)

注：括号中的数字指的是标准差。

资料来源：Zeile（1989）；转引自 Myung Hun Kang（1996）：*The Korea Business Conglomerate*：*Chaebol Then and Now*，Library of Congress Cataloging – in – Publication Data，p116.

根据四位数行业标准的划分方法，只有 10 家财阀在不多于两个部门的制造业领域进行经营。不过，有许多财阀在制造业领域中的企业活动都是垂直相关的（或者联系是非常密切的）。比如 Kolon 集团，它的主要制造业活动是精纺生产，但它也有一些企业在生产纺织商品和服装，还有一个企业在从事纺纱的漂白、染色和加工。这种垂直一体化的直接表现就是较低的 V* 值。在 49 个积极从事制造业生产的财阀集团中，有 24 个集团的 V* 值低于 0.20，但是，其中只有 6 个属于最大 20 家财阀的行列。阿姆斯丹（Amsden，1989）曾经推断说，后发工业化国家的企业集团将会广泛地进入非相关性的生产领域。从韩国前 20 大财阀的情况看，这一断言的确得到了验证。

二、财阀多元化的动机

多元化经营是企业集团的战略行为。1962 年，美国著名经济史学家钱德

① Myung Hun Kang（1996）：*The Korea Business Conglomerate*：*Chaebol Then and Now*，Library of Congress Cataloging – in – Publication Data，p121.

勒（A. D. Chandler）在引起巨大反响的《战略与结构——工业企业发展的历史阶段》一书中，以美国企业的成长为案例，指出一个企业的成长通常可以分为四个阶段：数量扩张、地区扩张、垂直一体化和多元化。在成长初期，企业都是单纯的规模扩张，把重点放在销售额、市场占有率的增长和培育竞争能力上。企业达到一定规模后，就要寻求地理范围扩张，从当地市场到地区市场，进而扩张至国内市场和国际市场。之后，通过纵向扩张增强企业的获利能力和竞争力量。但当现有产业缺乏增长力、企业拥有拓展到其他领域的资源和能力时，多元化战略就成为必然的选择。

关于企业多元化的动机，学术界存在许多解释，蒙哥马利（Montgomery，1994）的综合性研究将其归为以下三类：①

市场势力论（The Market – Power View）。爱德华（Edward，1955）是这种观点的最早提出者，他在"作为市场力量的企业集团"一文中指出，企业集团之所以能够以牺牲非多元化企业的利益为代价获得大规模扩张，并不是因为它们具有更高的效率，而是因为它们具有更强的"集团势力"（conglomerate power）。此后，爱德华的追随者进一步强调了三种通过反竞争方式获得市场势力的方法：成员企业之间的相互补贴、竞争者之间的相互克制和成员企业之间的相互购买。格里宾（Gribbin，1976）则利用一个函数将这一观点模型化，他指出集团势力是各单个成员企业在其各自市场的市场势力的函数。总体上，市场势力观点倾向于强调企业多元化的结果，而不是它的原因；他们强调多元化导致竞争缺失的方式，而不强调多元化的动机以及将会产生何种效率或无效率。仅从这一点出发，有许多经济学家认为，多元化与经济绩效之间呈正相关关系。

代理论（The Agency View）。1980年代，发达国家尤其是美国见证了许多公司控制权剧烈变动的情况，与此相关，在学术界出现了很多关于多元化最优规模的争论。沿着伯利和米恩斯（Berle and Means，1932）的思想，许多金融经济学家（比如 Mueller，1969；Jensen，1986；Shleifer and Vishny，1989）试图利用代理理论在对上述现象进行解释。他们认为，公司的两权分离使得经理人有可能通过多元化的方式，以牺牲投资人的利益为代价来满足自己的私欲。企业兼并是达到这一目的的尤为重要的方便工具。这种观点还与企业生命

---

① 相关的综合和经验研究，还可参见 Teece（1980）；Goto（1982）；Denis, Denis and Sarin（1997）；Ghemawat and Khanna（1998）；Khanna（2000）。

周期理论有关，年轻的处于成长期的企业通常具有大量的盈利机会，但是，当企业成熟后，这样的机会就会大大减少。于是，企业管理者利用现金流的动机就会从早期寻求创新的努力转向追逐广泛的、但却可能是低收益的市场机会。除了建立企业帝国，自利的管理者至少还有两种追求多元化扩张的动机：一是管理者可以从事更需要其具有特殊技能的多元化扩张，以此稳定和加强在企业中的地位；二是管理者可以通过多元化扩张降低其就业风险，保障就业安全。总之，与强调多元化企业以牺牲竞争者和消费者的利益为代价获取垄断收益的市场势力观点不同，代理观点主要强调管理者以股东利益损失为代价而获取私利，相应地，持有这种观点的学者普遍认为多元化与企业绩效呈负相关关系。

资源论（The Resource View）。这种观点的奠基人是彭罗斯（Penrose，1959），她的著作《企业成长理论》在两个方面不同于正统理论：一是它集中于分析异质企业（heterogeneous firms），而不是同质企业（homogeneous firms）；二是它属于增长理论，而非均衡理论。持有这种观点的学者认为，多元化扩张主要是由于企业生产要素（资源）所形成的闲置生产能力的结果，正如彭罗斯所说的，这些闲置生产能力包括从市场购买的要素、这些要素创造的服务以及企业长期积累的专有技术等。企业的这些专有技术和知识（比如无形资产）既不存在买卖它们的市场（市场失败的结果），竞争对手也很难加以模仿，因此，进行多元化就有利于增加企业价值，比如商标的多部门使用。这些学者还进一步强调，企业的盈利水平和多元化维度是资源存量的函数。蒙哥马利和维纳菲特（Montgomery and Wernerfelt，1988）的研究证明，企业资源的专有性越强，企业就越应该专业化生产，利润也会越高；相反，如果企业资源的专有性不强（比如标准化机床），企业就可以进行多元化扩张，当然利润也会相应降低。

上述标准解释中哪一种最能解释韩国财阀的多元化扩张战略呢？回答这个问题并不容易。利用市场势力论进行解释至少不是那么令人信服，因为韩国的财阀之间在许多产品市场上都存在着激烈的竞争，这就使得单个财阀很难利用歧视性价格将其竞争对手驱逐出市场之外。不过，为了避免在其他市场产生恶性竞争，财阀之间通常还是会采取相对克制的忍让姿态。代理论也不是一个好的解释工具，因为韩国财阀并不存在伯利和米恩斯所指的传统意义上的两权分离情况，相反，所有权和控制权是合二为一的；不过，最近的研究（Claessens et al.，1999；2000a；2000b）表明，东亚家族企业（包括韩国财阀）中存在着另外一种严重的代理问题，即控股少数股东对外部小股东的利益侵犯问题，这种代理问题是否成为财阀追求多元化扩张战略的一个重要因素，还是一个值得研究的课题。Lee（1999）和刘洪钟（2002）的研究似乎证明了这一点。资源论可以在一般意义上解释韩国财阀的多元化扩张动机，但对于1970年代韩国财阀迅猛的多元化扩张，这种解释仍显得不够充分。

事实上，韩国财阀的多元化扩张的确有其特殊的环境背景。除了标准解释之外，财阀的多元化还受到三种环境因素的强烈影响。[①]

第一，采取多元化扩张战略有助于降低经济发展早期由于市场不完善而产生的交易成本。在1960～1970年代，韩国经济处于发展的早期阶段，国内市场还很不完善，尤其是资本市场、劳动力市场和中间产品市场的发育严重落后。面对这种市场失灵，企业除了在内部获得这些资源以外没有其他办法，这就迫使韩国财阀尽可能地把集团做大。因为较之于小企业，大企业集团更容易在企业内部和外部获得资本、中间产品以及高质量的人力资本。比如从外部市场进行融资这一点来看，由于缺乏关于企业的完全信息，与中小企业相比，金融机构就更愿意将其贷款贷给规模大、多元化的企业集团，他们通常会要求集团子公司之间在进行贷款时进行相互担保，从而降低金融风险。建立庞大的企业集团对于吸引高质量的人力资本同样非常重要。韩国是一个典型的层级式社会，为一个大公司工作对于所有寻找工作的人来说都是极具诱惑力的。而且更为重要的是，大的企业集团还能提供更多的锻炼和职业晋升机会。

第二，采取多元化扩张战略可以有效利用政府具有偏向性的产业政策。1960～1970年代，韩国政府先后实施了出口导向和重化工业发展战略。如果说出口导向发展战略在一定程度上还可以体现出政府的"一致性"分配原则的话，[②]重化工业发展战略则完全是一种具有偏向性和干预主义色彩的产业政策。这种政策的一个隐含特征就是，政府必须防止已经进入某一战略性产业领域的企业遭到破产。当他们变得没有效率甚至陷入即将破产的境地时，政府就

---

① 有关韩国财阀多元化动机的研究可以参见 Yoo and Lim（2000）；Kim，Han and Hoskisson（2000）；Kim（1997）。

② 在1960年代的出口发展战略中，政府根据出口业绩将补贴性贷款平等地"奖赏"给任何有出口收入的企业，虽然根据 Kang（1996）的分析，这些资源主要还是流向了少数财阀手中，但至少从分配的标准来看还是相当公正的。事实上，为了获得政府的补贴性贷款，即使是财阀之间也存在着非常激烈的竞争。

会采取各种可能的方法对他们进行挽救。在这种环境中，对于任何企业而言，无论市场条件是否成熟，最好的选择就是先发制人地进入某一属于政府进入管制的产业领域，一旦被准予进入，企业的生存就有了两方面的保证，一是来自于政府对该产业的进入管制可以使其获得垄断性租金，另一个是企业能够获得政府的极为优惠的政策性贷款。

在这种理念下，财阀采取多元化的经营战略就成了一种非常聪明的选择，并且，规模变得越大，就越能够给政府和社会造成一种"大马不死"的幻觉，从而在其陷入困境时，政府就越有必要对其进行挽救。从表 3.1 可以发现，财阀的多元化战略的确在 1970 年代达到了顶点，其规模也急剧增长。从政策支持面来看，韩国政府对重化工业的政策性贷款占全部国内信用的比重，1973 ~ 1981 年达到了 40.8%，1982 ~ 1986 年为 30.9%；相应地，前十大企业在 GDP 中的份额也从 1973 年的 5.1% 提高到 1981 年的 20.4%，增长了四倍。

第三，采取多元化战略可以降低财阀对政府的依赖性，增强自身独立性。1980 年代初，韩国政府实施了包括商业银行私有化，取消部分限制，允许成立非银行金融机构（NBFI）和地方银行等一系列金融自由化的措施。这轮改革的本意是为了建立一个有效率的竞争性金融市场，但一个意外的副产品是，韩国财阀开始大举进入非银行金融服务业（如保险、证券、投资公司等），以此降低他们在融资方面对政府的深度依赖。这是因为在 1960 ~ 1970 年代韩国财阀一直被禁止拥有银行，1961 年，为了加强对经济和财阀的控制能力，朴正熙政府对商业银行实行了国有化，这项政策一直到 1981 年政府宣布对商业银行实施部分私有化才算正式结束。然而，即使按照私有化的法律规定，财阀所有者及其家族也被禁止拥有银行 8% 以上的股份。因此，建立非银行金融机构就成了财阀摆脱对政府以来的主要通道。到 1988 年，最大的 30 家财阀拥有 12 家证券公司（全国总数为 25 家），18 家保险公司（总数为 35 家）和 18 家投资信托公司（总数为 38 家）。尽管政府对 NBFIs 的股权结构进行限制，但这些财阀总能通过直接或间接的方式，控制这些非银行金融机构 30% 以上的股权，进而控制整个公司（Lee, et al., 2000）。与此相应，NBFIs 也开始代替商业银行成为财阀的主要融资渠道。数据显示，在韩国企业的融资结构中，NBFIs 贷款和直接融资所占的比重，1980 年时为 38.1%，1990 年却急剧上升到 69.3%；相反，银行贷款的比重却从 1985 年鼎盛时期的 35.4%，下降到 1990 年的 16.8%（Lee, et al., 2000）。

第二节　财阀的多元化模式

根据卢迈特（Rumelt，1974）的分析，公司多元化可以划分为 4 类：单项业务企业，主导产品企业，相关型多元化企业，非相关型多元化企业。这种分类依赖于专业化、垂直一体化和相关性的相关程度。专业化是指一个企业的收益来自于一个主导经营部门的程度，垂直一体化指企业对产品生产过程中各阶段的控制程度，相关性则是衡量该企业的主要技术在企业各部门被分享的程度。按照这一标准，单项业务企业通常集中于有限的生产线，而多元化企业则运作于多条生产线。多元化企业可进一步划分为主导产品型的、相关型的和非相关型的。主导产品型多元化企业在追求多元化的同时，将主要精力集中于几条主要生产线，并且在集团内部共同分享一些管理资源如研究和培训设施等。相关型多元化是这样一种企业，它具有多条生产线，共享相似的技术和市场，同时具有不同的管理资源。非相关型多元化企业追求的是多条生产线，并且这些生产线之间缺乏相关性。这是企业最高程度的多元化类型。

卢迈特还进一步对如何划分多元化类型提供了衡量标准，他的分类是基于两个指标：专业化率（SR）和相关率（RR）。专业化率是指企业最大经营项目的销售额占企业销售总额的比例。相关率是指企业最大一组以某种方式相关联的经营项目的销售额占企业销售总额的比例。具体的分类见表 3.4。

从表 3.2 中我们可以发现，美国及其他发达国家的企业集团，通常采用的都是基于专门技术和诀窍的相关型多元化战略，比如美国、日本、德国、法国和意大利的这一比例分别为 39.3%、45.2%、38.0%、42.0% 和 52.0%。与这些国家相比，韩国财阀多元化扩张的一个典型特征是以非相关型多元化为主。而且，利用卢迈特（Rumelt，1974）的分析框架，Jung（1987）的研究还发现，最大的财阀大多采用非相关型多元化的经营战略，而较小规模的企业则多采用单项业务或具有主导产品的经营战略。介于上述极端形式之间还有一类中型企业，他们倾向采取相关型产品多元化的经营战略。如表 3.5 所示，10 大财阀中多数采取了非相关型多元化战略。排在第 11~50 位的大财阀中，有 17 家（43%）采取了相关型多元化战略，有 12 家（30%）采取了非相关型多元化战略。至于相对较小的财阀（从第 51 位到第 108 位），有 33 家企业（57%）采取了单一或主导产品型的经营战略，有 19 家（33%）采取了相关型多元化经营战略。

表 3.4　Rumelt 的多元化战略分类

类　　型		特　　征
单项业务型 SR≥95%		
主导产品型 70%≤SR≤95%	主导集约型	除了具有主导产品型的一般特征外，各个项目均相关联，联系呈网状
	主导扩散型	除了具有主导产品型的一般特征外，各个项目只与组内某个或某几个项目相关联，联系呈线状
	垂直统一型	垂直统一率 VR（Vertical Ratio）＞70%
相关型 SR＜70% RR≥70%	关联集约型	除了具有相关型的一般特征外，各项目均相关联，联系呈网状
	关联扩散型	除了具有相关型的一般特征外，各项目只与组内某个或某几个项目相关联，联系呈线状
非相关型 SR＜70% RR＜70%		各个项目没有联系

资料来源：Rumelt, R.（1974）：*Strategy, Structure and Economic Performance.* Boston, MA：Harvard University Press.

　　动态地看，在 1970～1980 年代期间，采取相关和非相关型多元化战略的大型财阀的数量是在稳定增长。企业集团的总数从 1974 年的 87 个增加到 1984 年的 108 个。在这些集团中，采用相关型多元化战略的在 1974 年占 16%，1984 年增加到 34%。这说明，大型财阀一直在很大程度上依赖于多元化战略，无论是相关型多元化，还是非相关型多元化。而对于大型财阀来说，非相关型多元化战略是一种尤为重要的增长战略。比如曾被称作"重工业财阀"的现代集团，在 1980 年开始进入轻工业。1950～1960 年代曾以纺织和食品等轻工业生产而闻名的三星集团，也将其投资重点从轻工业（1970 年占总资产的 66%）转向重工业。1983 年，三星在重工业中的资产（占总资产的 33%）历史上第一次超过了在轻工业中的资产（占总资产的 17%）。[①] 表 3.6 显示了韩国前 4 大财阀的多元化状况。到 1988 年，这 4 大财阀通过多元化战略进入了所有四大领域——轻工业、重工业、金融服务业以及其他服务行业。对于所有这些财阀来说，在重工业和金融服务业中的增长是最为迅速的。

---

① Eun Mee Kim（1997）：*Big Business, Strong State：Collusion and Conflict in South Development*, 1960～1990, State University of New York Press.

表 3.5　韩国财阀的增长战略（1984 年）

财阀集团	单项业务型	主导产品型	相关型	非相关型	总计
最大 10 家（213）	0	1（10%）	1（10%）	8（80%）	10（100%）
第 11~20 位（123）	0	2（20）	3（30）	5（50）	10（100）
第 21~50 位（206）	0	9（30）	14（47）	7（23）	30（100）
第 51~108 位（246）	12（21）	21（36）	19（33）	6（10）	58（100）
最大 108 家（788）	12（21）	33（31）	37（34）	26（24）	108（100）

注：第一列括号中的数字指的是财阀总的子公司数。

资料来源：Myung Hun Kang（1996）：*The Korea Business Conglomerate：Chaebol Then and Now*，Library of Congress Cataloging – in – Publication Data，p116.

表 3.6　最大四家财阀的产业分布（1971~1994）

现　　代

部门	轻工业	重工业	金融服务业	其他服务业
1971 (5)[a]		1. 现代企业 2. 现代水泥	1. 东方海洋与火灾保险公司	1. 现代建设 2. 金刚公司
资产份额[b]	0.0%	45.5%	3.6%	50.8%
1994 (33)[a]	1. 现代木业	1. 现代电子 2. 现代汽车 3. 现代重工 4. 现代精密 5. 仁川制铁 6. 现代管业 7. 现代造船 8. 现代电梯 9. 现代铝业 10. 凯费科公司 11. 现代石化 12. 现代石油精炼 13. 高丽发展	1. 现代海洋与火灾保险 2. 现代证券 3. 现代金融管理公司 4. 江原银行	1. 现代公司 2. 现代建筑 3. 现代海运 4. 现代汽车服务 5. 金刚公司 6. 现代工程 7. Suneel 海运 8. 现代投资管理公司 9. 世一石油 10. 现代百货 11. 永进石油 12. 现代建筑设备服务公司 13. 现代报业 14. 钻石 AD
资产份额[b]	1.1%	55.6%	12.9%	30.4%

续表

三　星

部门	轻工业	重工业	金融服务业	其他服务业
1971 (11)[a]	1. 第一制糖 2. 第一木业 3. 全州造纸 4. Donglp 产业	1. 三星电子 2. 三星电子服务	1. 三星生命保险 2. 安国海洋与火灾保险	1. 三星公司 2. 中央发展 3. 新世界百货
资产份额[b]	62.8%	10.8%	20.1%	6.3%
1994 (44)[a]	1. 第一制糖 2. 第一毛纺 3. 第一木业 4. Hi Creation 公司 5. 第一冷冻食品	1. 三星电子 2. 三星电子服务 3. 三星电器 4. 信越硅业 5. 三星造船 6. 三星搅拌 7. 三星石化 8. 三星航空 9. 三星 Clark 10. 三星通用化学 11. 大韩特化 12. 第一汽巴－嘉基 13. 三星特化 14. 钻石 AD 15. 三星手表 16. 韩一电线 17. 三星医疗器械 18. 三星金钟	1. 三星生命保险 2. 三星海洋与火灾保险 3. 三星征服者信用卡 4. 三星证券	1. 三星公司 2. 三星建筑 3. 新世界百货 4. 中央日报 5. 新罗酒店 6. 中央发展 7. 三星工程 8. 韩国第一广告 9. 釜山朝鲜公司 10. 三星数据 11. 韩国信息加工 12. 三星狮队 13. 连浦休闲服务 14. 大景建筑管理 15. 三星高科 16. 第一 Bozell 17. 三星投资咨询公司
资产份额[b]	6.3%	39.1%	42.1%	12.5%

大　宇

部门	轻工业	重工业	金融服务业	其他服务业
1971 (3)[a]	1. Koryo 制革		1. 韩泰投资公司	1. 大宇公司
资产份额[b]	7.6%	0.0%	13.3%	79.1%

续表

部门	轻工业	重工业	金融服务业	其他服务业
1994 (19)[a]	现代木业	1. 大宇电子 2. 大宇电信 3. 欧丽安电子 4. 大宇精密 5. 大宇电子组件 6. 大宇汽车 7. 大宇重工 8. 大宇汽车配件 9. 大宇电动汽车 10. 韩美塑料 11. 欧丽安电子组件 12. 现代石油精炼 13. 韩国 A – B	1. 大宇证券	1. 大宇公司 2. 庆南企业 3. 东吴发展 4. 大宇资本管理公司 5. 大宇信息系统 6. 大宇管理咨询公司
资产份额[b]	0.0%	60.2%	9.0%	30.8%

乐喜金星（LG）

部门	轻工业	重工业	金融服务业	其他服务业
1971 (9)[a]		1. 乐喜有限公司 2. 金星公司 3. 金星电缆 4. 金星电信 5. 金星电子 6. 湖南精油 7. 韩国矿产加工 8. 金星阿尔法电子		1. 乐喜金星公司
资产份额[b]	0.0%	95.6%	0.0%	4.4%
1994 (53)[a]		1. LG 电子 2. LG 电缆 3. LG 半导体 4. LG 电信 5. LG 器械及电子 6. LG 电子机械 7. 金星电子	1. LG 证券 2. 乐喜保险 3. LG 投资金融公司 4. LG 信用卡公司 5. 富民互助基金	1. LG 国际 2. Global 汽油 3. 和友能源 4. LG 工程 5. 系统技术管理公司 6. LG 广告公司 7. LG 软件

续表

部门	轻工业	重工业	金融服务业	其他服务业
		8. 金星电子设备 9. 国际电线 10. LG 精密 11. LG – Honeywell 12. LG – Foster 13. LG 微电子 14. Sungyo 公司 15. 湖南石油精炼 16. 乐喜金属 17. LG 石化 18. LG 化学 19. LG – Owen 搅拌 20. 数字信口 21. Siltron 公司		8. LG 体育 9. LG – 日立系统公司 10. LG 建设 11. 和友销售公司 12. LG 配送公司 13. 和友海产品销售公司 14. LG 启东公司 15. 湖南发展 16. LG 休闲服务公司
资产份额[b]	0.0%	64.2%	17.3%	18.5%

注：a：企业总数；b：占各自领域总资产的百分比。

资料来源：Eun Mee Kim（1997）：*Big Business*，*Strong State*：*Collusion and Conflict in South Development*，1960~1990，State University of New York Press，p. 70~76.

第三节　财阀的组织结构与管理体制

对于无节制实施多元化的庞大的企业集团，韩国财阀的控股家族是如何实施管理和治理的呢？理解这一点，解剖和分析财阀的管理和组织结构是非常重要的，因为在一个组织内部，结构是一种相对稳定的反映个人和单位之间关系的表现形式。

一、管理模式

韩国财阀的管理模式中一个最显著的特点就是职业管理的落后。尽管职业管理者的数量比例一直在稳步提高，但他们的作用仍然是相对有限的，这主要是由于财阀的家族所有和控制的结果。此外，要想理解职业管理落后的原因，还应考虑到韩国后发工业化和经济发展的特殊环境特征。

根据钱德勒（1977）的分析，伴随着现代产业形式的出现，某一产业的成功发展和该产业中某些公司的主导地位的确立，通常都是围绕该产业的产品市场的生产和分配活动一体化的结果。在产业和公司发展的早期阶段，固然企业家的领导作用和为产业提供强大资金支持的金融投资者的贡献不可忽视，但最重要的贡献还是来自于大型组织结构的精致设计，在这一组织结构中，职业经理人已经逐渐成为发挥主导作用的角色。换句话说，钱德勒认为，在对企业经营决策和发展方向的影响上，职业管理者的权力已最终超过了创业资本家。此外，他将资本市场制度和融资者视为企业组织的外部压力，这些压力通过与经理层展开决策权的竞争，从而能够影响到企业管理权力的变化。

从历史上看，韩国企业的发展和职业管理的出现一直都受到与融资者的关系以及进入资本市场的渠道的影响。资本来源一直受到政府和某些家族的控制，而且由于资本的短缺，更加提高了资本本身的相对权利。事实上，在1960～1970年代期间，企业如果想要获得资本，最重要的条件就是处理好与政府的关系，这也构成了成为企业家的一种不可或缺的才能。1980年代以后虽然私人资本市场有了一定的发展，但是，重大工业投资所需要的大量资金来源仍旧受到政府的监督，或者只能藉由家族控制的财富来动员，因而根据钱德勒的标准，韩国的资本提供者在公司发展政策和战略方向的决策上就拥有压倒性的权力，而职业管理层在这些决策中所享有的权力却极为有限。

技术主要通过进口引进的发展特点也制约了职业管理层的权力提升。作为一个后发的工业化国家，韩国的大部分现代产业都不是独立产生和发展起来的，相反，是在初始阶段就直接从国外直接移植到国内。这些产业被引进到韩国后，通常都会受到政府的保护而免于竞争压力。这样，企业发展的关键就在于如何获得资本和将产业引入韩国，技术的边际进步则成为次要的事情。由于这种特点，依靠竞争和演进而逐渐形成的职业经理人就很难出现，相反，这种发展模式赋予了所有者——企业家重要的角色，使得他们成为引进国外技术发展现代产业的最重要的决策者。

此外，韩国独特的出口导向增长模式也给了所有者—企业家更多的优势和权力。韩国现代经济增长所处的市场环境这一显著特点与美国工业增长的市场环境刚好相反。美国企业是在庞大的国内市场上形成、壮大并逐渐占领国际市场的，而在韩国，大部分重要的和增长最快的产业从一开始就是出口依赖型的。尽管在一些产业内部（如纺织和服装业），各企业之间也存在着激烈的竞争，但对出口市场的依赖从两个方面制约了职业管理者的发展。

首先一个是被动依赖由其他企业决定的贸易渠道和销售体系对企业创新所产生的限制性影响。出口导向的发展战略决定了许多企业生产的产品主要是出口销售给外国消费者，在 1960～1970 年代，这些企业通常都是依赖其他贸易公司而加入到出口的销售体系中。从 1970 年代中期开始，韩国逐步建立了总贸易公司（general trading company，GTC）制度，一些大型韩国财阀也开始进入国际市场建立自己的销售系统。这些企业转而依赖总贸易公司出口销售他们的产品。这样做的一个结果就是，在终端产品市场上进行竞争所需要的管理职能和结构就大大弱化了。即使是到 1980 年代后期，那些控制了自己的国际销售体系和直接参与市场竞争的韩国企业的数量仍然是相当有限的。

第二个限制性因素来自于政府的干预和监督。韩国企业所形成的国际经济联系与政府的作用直接相关，这也构成了政府干预企业内部决策的基础。出口促进政策和重化工业政策更是使得政府干预企业决策成为一种理所当然的事情。在这种发展模式下，与政府搞好关系，依靠政府的扶持进入国际市场就成为企业成功的关键。显然，这一现实不仅加强了政府对企业管理决策的影响力度，同时也强化了所有者的地位，而对职业管理者的发展来说，它却无疑是一种障碍。

二、组织结构

1. 正式结构

大多数韩国财阀的组织结构都呈现一种高度集权化（centralization）和形式化（formalization）的特征。权力集中在高层管理者手中，虽然在形式上企业通过一项决策通常会采取在雇员和各层经理中广泛讨论和征求意见的方式，但主要的决策如财务和融资决策无一例外地都需要通过一种有高层管理者参与的表决机制，因而重要的权力事实上都被高层管理者所垄断了。比如在过去，三星集团的某项重要决策通常都需要 21 个高层管理者的通过（所谓的 21 个橡皮图章），因此通过一项计划通常需要耗费好几个月的时间。李健熙接管三星集团后，下令将 21 票削减为 3 票（Chen，1995），从而大大缩减了决策的时间。

韩国财阀通常都有一个层级非常分明的组织结构。层级结构的最上层是会长，接下来是总经理、副总经理（bujang）、高级执行经理（junmu）、执行经理（sangmu）、部门经理（bujang）、分支部门经理（kwajang），最下层是领班和蓝领工人。韩国财阀一个显著的组织特点就是除了集团会长有个人助理之外，企业通常并不雇用针对个人的职员。其他管理者的助手和辅助工作一般都是一种行业职位，而不是隶属于某个人的职位。这就增加了垂直阶层的层次，并有利于集权化和更多层的组织结构。财阀组织结构的另一个显著特点是由企划、财务和人事等参谋部门的较强的职能控制所支持的垂直和层级控制。韩国财阀非常重视职能专业化，允许企划和财务部门在主要管理者的领导下实施重要的职能控制。许多财阀在集团主席之下都设有企划和协调办公室，负责在集团中分配主要的内部资源（如人员、资金、信息等）。因此，韩国财阀通常都体现出一种由高层管理者作为决策者的垂直集权化和由参谋部门实施职能性控制的水平集中同时并存的特点。

与集权的管理结构和正式的职能控制不同，财阀企业中个人的工作并没有清晰的划分。每个雇员的责任通常是由他的上级根据情况的需要而决定的。尽管工作任务的模糊界定会导致工作重复、拖沓甚至失衡所产生的低效率，但这种模式也提高了工作任务的灵活性和对变化的环境的组织适应能力。在组织结构集权化和工作任务模糊化相结合的体系下，企业雇员如何获得其上级管理者的信任及对其能力的肯定就成为对其工作业绩进行考核以及能否获得晋升的重要指标。

2. 非正式结构

在大部分韩国财阀中，权力的集中部分是由于所有权和管理权没有分离而造成的。从表 3.7 可以看出，韩国财阀的所有者家族积极地参与了企业的管理。大多数韩国人非常重视血缘关系，并将这种关系延伸至旁系亲属（被称为亲缘关系，即 hyul – yun），从而为家族成员营造一个更为广泛的安全网。家族越大，安全度就越高。

与此同时，专业的管理者也组成了一个重要的权力群体（见表 3.7）。在大多数财阀中，那些为企业工作了很长一段时间而逐渐被晋升的职业管理者（常被称为 tobaji，意为土生土长的元老），能够运用自己在公司长久以来所培养的人际关系而对公司的管理施加重要影响。这些管理者中的许多人最初都是通过严格的公开竞聘从一个企业内部的精英集团（gong – chae）脱颖而出而被聘用的。① 一项对 108 个企业集团的调查显示，通过内部公开竞聘而产生的管理者占韩国企业所有高层管理人员的 16%，其中在大财阀中占 21%，在小企

---

① Gong – chae 的字面意思是通过公开竞争进行的雇员筛选。

业中约占 13%。大部分韩国企业从 1960 年代开始就采用了 gong – chae 体系，随着时间的推移，通过上述方式成为职业管理者的比例也在不断上升（Kang，1996）。

表 3.7　财阀高级管理者的个人背景

	企业创始人及其家族成员	职业管理者	其他	总计
现代	7	42	8	57
三星	2	28	11	41
LG	7	26	11	44
大宇	2	25	25	52
Sungung	3	21	2	26
双龙	2	11	8	21
韩化	1	9	11	21
总计	24	162	76	262

资料来源：Chen Min（1995）：*Asian Management Systems*：*Chinese*，*Japanese and Korean Styles of Business*，Routledge.，pp. 216.

　　财阀的决策集团还通过同乡或校友关系而形成。企业所有者将他们的同乡或校友聘用到公司就像他们把亲戚引进到管理层一样。在一些韩国企业，高层管理集团主要由来自同一个地区的管理者构成，在其他韩国企业，一些精英大学的毕业生（如首尔国立大学或延世大学）则占据了高层管理的职位。在过去，一个人若拥有一个"K—S"身份（即从京畿道高中毕业或拥有首尔国立大学的学位），通常就会自动享有进入高层管理的更好的机会。与企业所有者之间建立在地域基础上的关系被称为 ji – yun（地缘的），而建立在校友之上的关系被称为 hahk – yun（校友的）。校友比较重视毕业的年份，在企业中年纪较大的雇员一般都处于较高层的位置，而年轻的雇员处于低级位置上。地缘关系和校友关系在企业的非正式关系中构成了一种很强的因素，给人以共同的背景、身份或一种归属感。

　　亲缘关系、地缘关系、校友关系共同影响着韩国财阀的权力结构。建立在亲缘关系基础上的家族所有制是最重要的因素，它构成了所有权和管理权不相分离的权力结构的基础。尽管通过内部提升而形成的职业管理者群体的权力和影响随着管理的专业化也在逐步提高，但建立在家族所有制基础上的权力集中仍是韩国财阀的主要特征。同乡和校友也是重要的因素，他们构成了财阀企业雇员间的非正式群体和社会互动的基础。

三、管理程序

管理程序是指从确定组织目标到完成这些目标的整个管理活动的规划、指导、组织和控制的全过程。管理程序也体现了韩国文化的深刻影响，因此我们主要从韩国文化对企业领导、工作动力、组织交流以及人事管理体制等管理程序的影响出发进行分析。

1. 企业领导和决策

受家庭传统的强烈影响，韩国财阀的领导者尤其是创始人往往倾向于按照管理家庭或家族的方式来治理企业。在传统的韩国家庭里，父亲是无可争议的受到尊敬的头领。只要他愿意，他就几乎拥有绝对的权力去做任何事。传统韩国家庭中的父亲承担着养家糊口的责任和决定孩子未来前途的义务。这样一种家庭传统给韩国企业的领导权造成的最大影响就是管理程序上强烈的上级权威体制。通常，80%的权力集中在上层管理者手中，中下层管理者的权力非常有限（Chen，1995）。独裁的领导体制在韩国财阀已成为一种普遍接受的管理方式。下级的被动服从又进一步助长了独裁体制的发展。传统的pummi决策体制（即征求意见，进一步商讨）更多地是为了分散责任而不是为了达成共识。

但是，独裁体制并不是专横的。韩国财阀的领导者们也受到韩国人行为中一种关键价值观的影响，这就是inhwa，它被定义为和睦，类似于日本的wa。不过，inhwa并不像wa那样强调集团的各个组成元素，而是强调在等级、权力和声望上都不平等的人之间的和睦。韩国财阀的管理者重视与下属之间建立良好的人际关系。此外，和睦还有一层含义，就是每个派别都有责任支持其他的派别。

和睦导向型的领导体制在韩国管理者的决策模式中得到了印证，管理者们通常总是试图与下属保持良好的人际关系，即使保持这种关系有时会损害集团的绩效。企业管理者在做出决策的时候一般都会征得下属的同意，这种非正式的达成一致意见的决策程序被称为sajeonhyupui，类似于日本的nemawashi，不过，韩国企业中的下属一般都不愿表达他们的意见。作为一种替代，管理者与下属之间的和睦和相互信任更多地体现为一种非正式的互动，建立在这样一种非正式互动关系之上的独裁领导体制也构成了韩国财阀一个主要的特征。

2. 工作动力

韩国人具有很强的工作动力，常以能够忍受长时间工作而著称。韩国企业员工的工作动力主要受到了传统价值观和现实需要的双重影响。儒家文化中的勤劳和谐价值观是企业员工形成相对较高的职业道德的基础。韩国的近代史充斥着贫穷和不安定，这些状况萦绕在韩国人的心头，因而求生的本能也是促使他们努力工作的动力。因此，强烈的职业道德和和睦的人际观已经成为韩国企业员工最为珍惜的价值观。

从现实的需要看，虽然具体的工作动机根据企业规模的大小和职位的高低而各不相同，但高工资和工作安全性无疑是最为重要的因素。根据韩国贸易产业部1984年的一份调查，大企业的管理者倾向于认为"有利于主动参与的环境"是最有效的激励，而小企业的管理者则认为"目标管理"体制是提高员工积极性的最好方式。据报道，60岁以上的老员工认为工资是努力工作的最重要动力，而30岁以下的年轻管理人员则将"有利于主动参与的环境"视为激励员工和提高生产力的最有效方式（Chen，1995）。

显然，作为一个整体，韩国企业的员工更倾向于把外在因素（如工资、工作条件和工作安全性），而不是创造力和成就等内在因素，作为工作的主要动力。而对成绩和被认可的需求通常在一个给定的群体内就可以得到满足。既然和睦是一个群体内人际关系的主导价值，那么对于韩国企业员工而言，外在的因素就成为更加重要的动力。

3. 交流与沟通

韩国财阀内部组织交流的一个显著特征是正式的交流主要通过垂直的层级制来实现。组织交流严重地依赖层级关系，而这些关系又是由一些因素联合决定的，比如正式的权威和非正式的地位，工作年限以及年龄等。在垂直的交流过程中，通常是由上级作出一定的指示，而下级主要是理解和执行这些指示。上级通常会给出一个概括性的指示，而不是具体和详尽的安排；与此相应，下级在上级的指示不是很清晰、很具体的情况下，通常也会努力自己去判断，而不是请求上级解释清楚。

韩国财阀内部组织交流的另一个显著特征是，企业员工往往更加重视层级之间与上级的正式交流，而不重视部门之间的水平交流。造成这种状况的主要原因恐怕要归之于韩国企业的高度集权化。严格的层级结构决定了水平和垂直交流的性质。对于雇员来说，垂直交流同水平交流相比与工作的联系更大，因此也就显得更为重要。

上级对于用概括性词语进行沟通的偏好与一个层次非常明晰的权力界限相结合，成为韩国企业内部信息误解的主要原因。对于一个下级而言，培养一种从上级的概括性指示中分析上级话语意图的能力十分重要。一般来说，和上级领导建立良好的个人关系有助于克服下级和上级之间交流沟通的层级障碍，而亲缘关系和同乡或校友关系也会提高相互间的理解和信任，因此有助于直接、清晰的交流的实现。通常情况下，那些有着更好的交流的员工之间往往会在企业内部发展成为一个非正式的管理派别。

许多韩国企业的雇员都不太擅长在正式会议上公开发表自己的观点，尤其是表达反对意见。一个公开的不同观点可能会令上司或同事感到尴尬，或者招致他们的敌意。此外，韩国的文化也不鼓励与他人公开分享信息资源，除非具有很亲密的个人关系。然而，很多韩国人都很擅长在非正式的场合进行自由交流，尤其是与上司之间进行一对一的沟通。上下级之间的非正式沟通有很多机会，一些老于世故的上级会不断制造这样的机会，例如，他们可能会邀请下属到饭店或家里聚会。另一方面，下属也有可能主动到上司的家里去拜访，顺便进行私下的交流。如同所有的韩国企业一样，在韩国财阀里非正式场合的交流和沟通对于上下级之间保持相互理解和信任是十分重要的。

4. 人事管理体制

韩国财阀的人事管理体制有一些独特的特征。其一，几乎所有的财阀都有明显的终身雇用制。一旦一个人（尤其是男性）被一家财阀企业雇用，通常他都会被保证在这家企业工作终身直到退休为止，除非他犯了重罪或出现了重大的管理失误。雇主很少会解雇员工，即便在经济萧条时期也是如此。不过，一些非常有才华的雇员可能会主动请辞工作而到其他企业寻求更好的职位或机会，这种情况在高科技产业比较常见。从这个角度讲，与日本企业里较弱的流动性相比，韩国企业的终身雇用制具有更高的流动性，是更有弹性的终身雇用制。

财阀雇用企业员工都要通过档案审核以及英语、专业知识和常识的笔试。一般情况下，企业更愿意雇用应届毕业的大学生或有职业经验的人。一旦企业雇用了新人，通常会在一个短期的培训后（通常7～10天）将这个精英小组指派到诸如企划、财务等核心部门。在韩国财阀内部，大部分员工的发展都是通过室内培训项目来完成的，这反映了韩国财阀对员工培训和发展的重视。许多大的财阀集团都有自己的员工培训中心，一些财阀企业将工作时间的5%（每年平均两周时间）用于正规培训。对雇员培训的重视是韩国文化的一贯传统，这种文化对正规教育一向高度重视。许多韩国财阀甚至采用联合投资或与发达国家的企业进行合作的方式来培训和发展有技能、懂技术的专业人才

（Kang，1996）。

韩国财阀在面临经济滑坡时通常会解雇一些起次要作用的员工。一般情况下，员工会在受雇企业一直工作到退休，一旦他们达到退休年龄（通常是55岁），他们会得到一笔退休金。如果退休后他们继续在公司作兼职或顾问，通常就不会得到这笔补偿金。在韩国，工会的作用受到了法律的严格约束，当雇主和雇员发生纠纷的时候，法律禁止外部力量的介入和干预。而解决劳资纠纷的原则通常则是强调内部和谐和家长权威。这些法律事实上使得工会不可能帮助工人和雇主进行讨价还价，此外，一些仲裁方面的规定也有效地禁止了罢工。

其二，韩国财阀的奖励机制传统上是建立在资历基础上的。不过，随着企业发展和环境的变化，韩国财阀在制定奖励政策时逐渐开始将业绩作为一项重要的考核指标。根据 Jung（1987）的观点，韩国企业在进行奖励决策时总体上是将资历与业绩结合起来进行考虑。而奖励标准的选择取决于奖励决策的类型。在升迁决策时，在下层组织中资历通常更为重要，而在组织高层中，尤其是在总经理或管理层次上，业绩比资历更重要。

在薪水方面，基本工资很大程度上取决于资历。企业在考虑雇员的教育水平和资历后先确定一个基本工资，然后再加上奖金作为总工资。大学毕业生和高中毕业生之间的工资通常都会有所差别。除了月工资外，韩国财阀还给员工季度奖金或年度奖金。在许多财阀中，奖金尤其是年终奖金是按业绩发放的。不过，尽管在奖励决策中越来越多的企业开始重视业绩因素，但重视程度在企业和企业之间是各不相同的，高速发展的企业一般比低速增长的企业更为重视业绩指标。总体而言，资历仍然还是大部分韩国财阀在奖励时所要考虑的首要因素。

其三，关于评估体系。大多数企业的内部评估体系不仅强调业绩，而且还强调职员的能力和工作态度。因此，主观判断起到了很大的作用。许多财阀企业的管理者不愿消极评价下属，这种不情愿可以归结为文化原因，传统的儒家文化使得韩国人总体上不愿意直接面对尴尬的人际问题，而是宁愿选择避免。在这种文化中，管理者们更加重视建立与下属的和谐关系，而严格的评价可能会破坏这种和谐的关系。因此，大部分管理者都是善意地评价他们的下属。

由于这些问题的存在，导致财阀企业的评价体系并不能为人事决策提供更多有用的数据。评估数据主要用于奖励决策，但由于数据的可信度较低，他们的利用价值十分有限。在很多情况下，资历和总经理的个人评价在奖励决策中起到很大作用。由于这种评估方式的主观性，使得评估结果往往并不能完全反映企业职员的真实能力和水平，尤其是公司职员在被提升时，不但看他过去的业绩，而且更看他过去的资历，对企业的奉献精神，以及他和上司的关系。这种具有弹性的人事管理体制说明，在韩国财阀中，非正式的人事关系代替了正式的规则。

第四章

韩国财阀的资本结构

第一节　资本结构与企业发展

一、企业的资本结构决定

当企业为新项目筹集资金时，它面临多种融资方式的选择（即资本结构的选择）。资本结构是指企业各种长期资金筹集来源的构成和比例关系，主要是长期债务资本和权益资本各占多大比例。企业融资有多种方式，不同方式的融资成本和风险不同，权衡融资成本和风险建立最佳融资结构，实现企业价值最大化，是现代融资理论研究的重要内容。①

1958 年美国经济学家莫迪利安尼和米勒在其著名论文《资本成本，公司金融和投资理论》中提出的 M－M 定理，奠定了公司金融理论和经验分析的基础，具有里程碑式的意义。莫迪利亚尼和米勒在讨论公司融资决策对公司价值影响中，导出了两项不相关命题，即 MM 定理。第一项不相关命题说，（1）股权融资和借款之间的选择不影响一个企业的市场价值和资本的平均成本，以及（2）企业股份的预期收益（即股权资本的成本）随企业的负债和股权之间的比率线性地增加，即著名的杠杆效应。第二项不相关命题说，在同样假设下，一个企业的红利政策不影响它的市场价值。这些命题奠定了企业资本结构理论的基石，在 M－M 的分析中提出的"无套利（No－Arbitrage）"分析方法对后来的微观金融理论的发展产生了巨大影响。MM 定理实质上隐含着这么一个命题：企业的融资偏好与企业的价值无关，因此，研究企业的偏好问题或注重于企业融资方式的偏好选择是没有意义的。MM 定量是在没有公司所得税，没有公司破产风险，资本市场具有完全效率，零交易成本等假设的基础上

---

① 陈柳钦："现代融资理论与我国上市公司融资偏好研究"，《华北金融》2005 年第 5 期。

形成的。显然，这一系列假设条件太苛刻了，缺乏实证意义。1963年，莫迪利安尼和米勒将企业所得税因素引入原来的分析之中，由于企业支付的债务利息是可以计入成本而免交企业所得税的，股息支出和税前净利润则不行，从而，债权资本成本实际上要低于企业的股权成本，由于财务杠杆效应，随着企业资本结构中负债率的提高，企业价值也将得以增加。这样一来，企业的融资偏好选择债务方式就是合理的，也是应该提倡的。当然，修正的MM定理只是接近了现实，离实际经验尚有不少差距。

在MM之后，许多经济学家从公司财务角度讨论了企业资本结构与企业价值之间的关系，对MM定理作出了各种修正。梅耶斯（Myers）、斯科特（Scott）提出了平衡理论（梅耶斯后来进一步考察了不对称信息对融资成本的影响，发现这种信息会促使企业尽可能少用股权融资）。平衡理论认为，随着公司债务的增加而上升的公司风险制约了公司无限追求免税优惠的欲望。因此，公司最佳资本结构就是平衡免税优惠收益与债务上升带来的财务危机成本的结果。与"百分之百负债率"相比，平衡理论的结论比较贴近实际，因而到上世纪70年代，它一度成为公司资本结构理论中的主流学派。根据平衡理论，公司的财务危机成本包括破产成本和代理成本。破产成本是公司因财务危机（指债权人的承诺不能兑现或兑现困难）导致破产而产生的成本，它又分为直接成本（如支付给律师、会计、破产信托人、资产评估人、拍卖商的费用）和间接成本（如公司资产处理中承提的额外损失）。代理成本是当公司出现财务危机，但还不至于破产时，因破产可能性增大，代表股东利益的经理在经营过程中可能会采取次优或非优决策，牺牲债权人利益，以扩大股东收益。正是由于破产会带来成本，代表股东利益的经营者为防止破产，便尽量少发债券，并选择股票融资，用股票价值最大化目标代替公司价值最大化目标。

1976年，詹森和梅克林（Jensen and Meckling）提出了著名的代理成本理论。在詹森和梅克林模型中，给定一个公司的投资总额和内部股本（即经理人员的持股数，设为a，且$0 \leqslant a \leqslant 1$），则该公司举债越多，所需的外部股本就越少，那么同样的内部股本数所占总股本的比例就越高。这时就存在两类利益冲突，一类是经理和全体股东的利益冲突；另一类是全体股东和债权人的利益冲突。经理和全体股东的利益冲突表现为，当经理人员努力工作时，其承担全部努力成本和风险，却只获得由于努力增加的公司收入的a部分，更大比例的努力收益归于他人；如果经理人员增加在职消费，他可以获得全部好处，却只承担增加成本的a部分。所以，相对于经理人员只有部分股权的公司来说，经理人员具有全部股权的公司市场价值较高，二者的差额构成股权融资代理成本，它是经理人员持股比例的减函数。由此可见，通过举债是一种可以缓和经理和全体股东利益冲突的激励机制。全体股东和债权人的利益冲突表现为，由于债务合约缺乏对股东进行次优投资的制约机制，诱使股东选择风险更大的项目进行投资。当项目盈利，股东占有债券的超额盈利部分；当项目亏损，由于股东存在"有限责任"保护，债权人将承担部分后果。随着举债比例的上升，股东将选择更具风险的项目。这种债权人承担了本应股东负担的次优投资后果的现象称为"资产替代效应"。然而由于理性的债权人将正确地预期到股东的资产替代行为并在合约中加以限制，股东就要承担由于借债造成投资价值递减项目所发生的成本。这就是债务融资的"代理成本"。

在 MM 理论中有一个重要的假设条件，即信息充分的假定，然而，这一假定难符实际。因此，放松信息充分的假设成为资本结构理论演进的重要方向。信息经济学理论的引入，使资本结构理论的研究进入了一个全新的发展阶段。1977 年，罗斯（Ross）首次将不对称信息理论引入企业融资结构理论分析中，研究了企业在信息不对称的情况下企业的融资结构和融资顺序问题，提出了信号—激励模型，在罗斯的模型中，经理使用公司的负债比例向外部投资者传递公司利润分布的信息。投资者把较高的负债率看作是公司高质量的表现。为了使债务比例成为可靠的信息机制，罗斯对破产公司的管理者施加"惩罚"约束，从而使公司负债比例成为正确的信号。此后，梅叶斯和梅吉拉夫（Myers and Majluf，1984）沿着信息不对称的思路，提出了有序融资理论，第一次正面回答了企业的融资偏好问题，并作出了令人信服的理论解释。梅叶斯和梅吉拉夫认为，资本结构的确定是为了缓和由于信息不对称而导致的公司投资决策的无效率。按照这一理论，公司的资本结构是在公司为了新项目筹资愿望的驱使下形成的，企业的融资顺序应该是：内部融资、发行债券，最后才是股票融资。这一融资顺序在美国 1965～1982 年企业融资结构中得到证实。

从上述分析可以看出，这些经济学家从不同的视角考察了公司融资问题，并且得出较为一致的认识：（1）债务融资具有抵税好处，只有当债务融资超过一定点时破产成本和代理成本增加才会抵消企业节税利益，因此企业应保持一定债务比例。（2）债务融资对管理者具有激励作用，可降低由于所有权和控制权分离而产生的代理成本。（3）债务融资向市场传递的是积极信号，有助于提高企业市场价值。总之，企业融资应首选内源融资，若需外源融资，应首选举债，然后才发行股票。这就是来自现代融资理论的"融资定律"。

二、资本结构与公司治理

公司融资结构从形式上看是企业债务与权益的比率，但其背后却反映出各相关利益者在公司中的契约关系。在信息不对称条件下，公司的融资结构影响着契约各方当事人的利益，即股东、经理、债权人等之间的契约关系，从而影响到公司治理。

1. 代理理论框架下对资本结构与治理效率之间关系的研究

詹森和梅克林（1976）认为，资本结构是由代理成本所决定的，即源自股东和高级经理人员以及股东和债权人之间的矛盾。偿还债务的需要可以减少管理者为自己谋利的机会（比如津贴等）。但是，在有限责任的保护下，债务合约使得股东具有了将资金投向高风险项目的次优选择的动机。资本结构决策是为了以最佳的方式将债务的正反两面的效应相互抵减而作出的。当公司负债为零时，公司经理对资产的自由支配权最小，经理的积极性最低，所以以权益资本的代理费用最高；而当引入负债后，它会降低权益资本的代理费用，虽然债务资本的代理费用也会随之上升，但是适度的负债率会使降低权益资本的代理费用超出上升的债务资本的代理费用，进而可以使总代理费用降低。格罗斯曼和哈特（Grossman and Hart，1982）针对债务的作用建立了一个模型，即债务会约束管理层拿出自由现金流的一部分来偿还债务，从而削弱了管理层为个人利益而支配自由现金流的能力。他们认为，如果管理层在债务合约方面有违约行为的话，就应剥夺其控制权，破产的威胁使得这种期望达到的动机效应得以实现。这与詹森和梅克林的观点有所不同，格罗斯曼和哈特认为，在债务融资的条件下驱使企业家工作的动机来自其能够得到所有新增的额外利得（与通过权益方式进行的外部融资相比）。

债务的另一种代理成本效应表现为：由于从声誉角度出发考虑问题，公司或经理倾向于选择相对安全、能保证还清债务的项目，而不是真正价值最大化的项目（Diamond，1989；1991）。对于那些历史悠久，在项目投资方面没有大的失误，因而声誉较好的公司来说，保持自己的这种荣誉，是公司的责任。更为重要的是，声誉还能降低债务融资的成本。对于那些历史较短的公司来说，则可能并不十分单纯从考虑项目的安全性出发来考察项目，但随着这些公司的发展及时间的推移，他们最终也会转向安全性高的项目。另外，从必须面对经理市场竞争的经理的角度来说，选择相对安全的项目也是其上策。因为一般而言，经理的声誉主要地取决于项目的安全性。这样，经理追求的是成功可能性的最大化，而股东毫无疑问追求的是期望回报的最大化，这就产生了代理成本。从这一意义上讲，债务融资可能是历史悠久的公司缺乏创造性与进取心的罪魁祸首之一。

2. 交易成本框架下对资本结构与治理效率关系的分析。

威廉姆森（Williamson，1991）从资产专用性的角度分析了股权与债权两种融资方式的治理效率。在对资本结构进行交易成本分析时提出了债权和股权所具有的相对特性。虽然他的观点远不如代理理论那样成熟，但他确实提出了一些重要的观点。威廉姆森把债权和股权看作是可以相互替代的治理方式而不是融资工具，其中，债权是通过制约的方法而股权是通过更多的自由裁量权来发挥各自的作用，在这一观点的支配下，威廉姆森认为是采用债权还是股权来进行项目融资要取决于项目资产的本质特性。如果资产具有可重新配置性则应选择债权，因为在违约的情况下还可以收回一些有价值的资产；反之，如果资产具有很高的专用性，则最好是由管理层借助股权融资所具有的自由裁量权特性来管理这些资产。因此，这种资本结构观点考虑的是债权融资和股权融资在治理方面的特性以及为了成功运作特定项目所需要采用的治理方式。

3. 对不同治理系统下债权人作用的比较分析

普劳斯（Prowse，1990）以美国和日本为研究对象，对不同治理系统下股权与债权之间的关系进行了分析。他发现，与美国相比，股东和债权人之间的代理问题在日本得到了更大程度上的缓解。在美国是禁止债权人持有股权的，而日本的金融机构却可以持有接受贷款公司的大部分股份。美国公司的债务比率与公司进行高风险的、次优的投资可能性负相关，而在日本公司中则不存在这种关系。普劳斯还观察到美国的体系更多地利用破产机制来解决债务的代理成本问题，与日本所采用的债权人和债务人契约这一更接近微调的方式相比，前者的效果不如后者显著。梅西和米勒（Macey and Miller，1995）对德国、日本和美国的商业银行在公司治理中的作用进行了比较分析，他们对人们通常持有的日本主银行体系和德国的全能银行体系有助于公司作出对社会最有益的决策的观点提出了挑战。他们证明了强有力的银行会阻碍股权持有者承担风险，这对社会利益造成了损害，进而妨碍了资本市场的健康发展。他们认为最有效的模型是由大持股者对现任的管理者进行责任监督，而银行则应该在控制道德困境方面最大限度地发挥其相对优势。

4. 融资结构与公司控制权转移

公司的融资结构与公司的控制权转移乃至于所有权的转移之间有着紧密的联系。公司的所有权是一种状态依存所有权（state - contingent ownership），而并不必然属于股东所有，这种论述正在为经济学家所重视，而状态依存所有权中状态及所有权的变化，则与公司债务的存在有着密不可分的关系。阿洪和博尔顿（Aghion and Bolton, 1992）认为，股权融资将企业资产的剩余控制权配置给股东。进行债权融资时，如果能按规定偿还债务，则剩余控制权配置给经理；如果不能按规定偿还债务，剩余控制权则配置给债权人。哈特（Hart, 1998）指出，在股权分散的现代公司尤其是上市公司中，由于小股东在对企业的监督中搭便车，从而会引起股权约束不严和内部人控制的问题，但适度负债就可以缓解这个问题，因为负债的破产机制给企业经理带来了新的约束。

孙永祥（2002）用下面的模型阐述了企业的所有权随着融资结构的不同而在股东、债务人和企业工人之间的转移机制。设 X 为公司的总收入，W 为根据劳动合同应该支付给工人的工资，R 为根据与债权人的合同所应支付的债务本金和利息。假定 $X > 0$，且工人对工资的索取权优于债权人对债务的索取权。则如果公司处在"$X \geq W + R$"的状态，股东是公司的所有者；如果公司处于"$W \leq X < R + W$"的状态，则债权人是所有者；如果公司处于"$X < W$"的状态，则工人是所有者。这就是所谓的状态依存所有权。这个简单的模型表明，所有权进而控制权的转移，是与债务的数量分不开的，若公司的债务 R 的数目较大，则公司的经营波动将可能导致所有权及控制权向债权人或工人转移。反之，若公司没有债务（$R = 0$），则在这个简单的模型中，所有权只可能转移给工人。当然，几乎没有一个公司是没有债务的，而债务的存在，天然地使所有权进而控制权从股东转移给债权人成为可能。

上述所有权或控制权的转移模型的一个必要前提是，债务对公司进而对经理的约束必须是硬性的与有效的。同时公司在偿债上出现违约以后，面临的必须是一种较适当的破产程序。否则，如果法律不支持债权人的诉讼，或者存在行政干预，阻碍债权人行使权力或阻止企业进入破产程序，那么上述模型便不具有意义。

第二节　财阀资本结构的总体描述

一、韩国公司部门的总体融资特点

与世界其他国家或地区相比，韩国企业，尤其是大型财阀，具有极高的资产负债率。到 1997 年末，韩国企业的债务总额是 811 万亿韩元，按照当时的汇率 1200 韩元/美元计算，相当于 6750 亿美元，大约相当于当年 GDP 的 1.9 倍（Nam et al.，1999）。

韩国企业的高资产负债率特点具有较长的历史。1961 年，朴正熙政府执政后在韩国推行出口导向型经济发展战略。不过，由于规模小、自由资金少、技术设备陈旧、经营方式落后，韩国企业普遍不具备承担和完成政府制定的出口导向型经济发展战略的财力。为保证政府制定的经济发展战略得以实现，韩国政府利用政府控制的金融体系，通过低息贷款和出口补贴等举措，给予公司以资金上的支持；通过鼓励公司引进和使用外国商业借款等利用外资的形式，以弥补公司发展所需资金的不足。由此，韩国企业走上了一条通过大量举借国内外金融机构贷款为主的高负债经营之路，形成了企业对金融机构依存度高、对公司自由资本依存度低的局面。以制造业为例，1970 年代企业负债率持续上升，1980 年竟高达 488%（见表 4.1）。

表 4.1　韩国制造业公司的负债率情况　　　　　　单位：%

年份	1972	1973	1974	1975	1976	1977	1978	1979	1980
负债率	313.4	272	316	339.5	364.6	367.2	366.8	377.1	487.9

资料来源：北京大学亚太研究中心（1988）：《北大亚太研究》，中国物价出版社，第 49 页。

表 4.2 显示了 1990 年代以来韩国各行业资产负债率的国际比较。从表中可以看出，1990 年代韩国制造业的平均负债比率大约为 300%，而财阀企业的负债率又远远超过这个数，这同美国、日本、台湾等国家和地区相比要高出许多。韩国汽车业的负债率甚至更高，平均超过 400%。1990 年代韩国企业资产负债率持续攀升与海外融资大量增加有密切联系。从 1994 年开始，韩国企业在海外发行的债券数量逐年成倍增加，1994 年为 2.8 万亿韩元，1995 年为 4.9 万亿，1996 年则上升为 8.6 万亿。海外借款也是从 1994 年开始逐年成倍增加，更为严重的是这种借款通常以短期贷款为主。

表 4.2　企业负债率国际比较

年度	美国	日本	中国台北	韩　国		
				制造业	财阀企业	汽车业
1990	148.7	226.8	83.4	286.3	—	398.8
1991	147.3	220.5	97.9	306.7	369.8	454.9

续表

年度	美国	日本	中国台北	韩　　　国		
				制造业	财阀企业	汽车业
1992	168.2	216.5	93.0	318.7	—	459.9
1993	174.5	215.5	88.0	294.9	348.4	395.6
1994	166.5	209.6	87.2	302.5	—	451.9
1995	159.7	206.8	85.7	286.8	348.8	443.5
1996	—	—	—	317.1	387.8	463.5

资料来源：李维安（2001）：《现代公司治理研究》，中国人民大学出版社。

二、韩国公司部门的总体融资结构

在这一部分，我们以公司总体和30大财阀企业为代表，用它们的相关数据考察韩国企业的融资结构。之前，我们先定义几个相关的概念。

1. 自筹资金比率（Self-financing ratio，SFR）。表示一个企业总资产的变化有多大比例是由企业内部筹资的。内部资金包括企业的留存收益，企业折旧和来源于政府的净资本转移。SFR数值越高，证明企业发展主要靠自己的内部力量，财务成本小，面临的财务风险小。

2. 权益资本比率（New equity financing ratio，NEFR）。表示总资产的变化多大比例是由于权益资本的变化引起的。权益资本包括发行的股票价值和股票之外的其它权益资本。一个企业的权益资本越多，其发展的财务成本就越小，越能减少投资的风险。

3. 债务资本比率（Incremental debt financing ratio，IDFR）。表示总资产的变化有多大比例是由于负债的增加引起的。这个指标度量一个企业的债务负担程度，如果负债比率上升，一个企业的财务风险就将增加，因为在经济衰退和利率上升的时期，这个高负债企业有可能支付不起利息。

4. 股票权益资本比率（Incremental equity financing ratio，IEFR）。代表总资产的变化有多大比例是由于所有者权益变化引起的。IEFR在数值上等于1—IDFR。这个指标度量总资产的变化多大比例由于新增加的权益资本组成。

表4.3显示了1988年到1997年间韩国非金融企业的现金流量。从整个时期看，企业外部融资的份额，包括除了留存收益、折旧和政府转移支出之外的所有资金来源，平均占到71%左右。这样高的外部融资比例造成韩国企业的

融资成本很高，并且在面临经济衰退时很难调整的问题。1980 年代之前，韩国财阀主要的融资渠道就是银行贷款，此后，由于政府放松金融管制等一系列金融自由化改革措施，财阀的融资渠道变得更加多样化。就企业间接融资而言，非银行金融机构（NBFIs）逐渐替代商业银行成为财阀的主要融资渠道。数据显示，在韩国企业的融资结构中，NBFIs 贷款和直接融资所占的比重，1980 年时为 38.1%，1990 年急剧上升到 69.3%；相反，银行贷款的比重却从1985 年鼎盛时期的 35.4%，下降到 1990 年的 16.8%（Lee et al.，2000）。在证券融资中，除了在股票市场迅速膨胀的 1987 年和 1988 年，公司债券和 CP 融资（商业票据，Commercial Paper）比新发行股票更具有吸引力。此外，在整个融资构成中，外国贷款的比例也在持续上升，尤其是 1990 年代资本自由化时期，但总体上仍然不到整个融资来源的 10%。

表 4.3　韩国非金融企业的资金流（1988～1997）

融资渠道	1988	1989	1990	1991	1992	1993	1994	1995	1996	1997
内部融资	43.8	28.4	27.1	26.7	28.7	30.0	27.3	27.9	22.6	26.9
外部融资	56.2	71.6	72.9	73.3	71.3	70.0	72.7	72.1	77.4	73.1
1. 金融机构借款	13.6	25.4	28.0	30.7	25.9	22.0	32.4	23.0	21.7	27.7
a）银行	9.6	10.6	11.5	14.5	10.8	9.1	15.1	10.7	10.9	10.0
b）非银行金融机构	4.0	14.8	16.5	16.1	15.1	12.8	17.3	12.2	10.8	17.7
2. 证券融资	29.5	38.6	30.9	27.8	27.7	34.4	26.5	34.7	36.6	27.1
a）商业票据	3.0	9.5	2.7	2.8	5.4	9.7	3.6	11.6	13.5	3.0
b）企业债券	3.7	9.2	15.7	15.7	8.6	10.2	10.3	11.1	13.8	16.6
c）股票发行	7.1	15.4	8.6	8.4	9.3	10.3	10.8	10.4	8.5	5.3
d）其他	15.7	4.5	3.9	0.9	4.4	4.2	1.8	1.6	0.8	2.2
3. 外国借款	3.2	0.3	4.7	3.0	5.1	1.1	4.8	6.1	8.1	4.5
4. 其他	9.9	8.0	9.4	8.6	12.6	12.6	9.0	8.4	11.1	13.8

资料来源：Understanding Flow of Fund Accounts, Bank of Korea, 1994；and Flow of Funds, Bank of Korea.

表 4.4 显示了根据表 4.3 计算出的四种企业融资测量标准的数值：SFR、NEFR、IDFR 和 IEFR。在 1988 年到 1997 年期间，也就是没有发生金融危机

之前，韩国企业的平均自筹资金比率是 28.9% 。这意味着内部资金不足以支撑企业总体规模的增长，公司部门还要用额外的 12.2% 的权益资本来支撑总资产的增长，公司资产增长剩余的 59.4% 是靠债务融资筹集的。

表 4.4　韩国非金融企业的融资结构（1988 ~ 1997）

年份	自筹资金比率（SFR）	权益资本比率（NEFR）	债务资本比率（IDFR）	股票权益资本比率（IEFR）
1988	43.8	20.1	36.1	63.9
1989	28.4	17.8	53.8	46.2
1990	27.1	10.3	62.6	37.4
1991	26.7	11.0	62.3	37.7
1992	28.7	11.4	60.0	40.0
1993	30.0	12.1	57.9	42.1
1994	27.3	12.3	60.3	39.7
1995	27.9	12.7	59.5	40.5
1996	22.6	9.0	68.3	31.7
1997	26.9	5.5	73.3	26.7
平均	28.9	12.2	59.4	40.6

资料来源：根据 Understanding Flow of Fund Accounts, Bank of Korea, 1994; and Flow of Funds, Bank of Korea 的数据计算而得。

该表所显示的数值具有明显的时间特性。在高经济增长时期，比如 1988 年，自筹资金比率达到最高的 44% 。由于净利润的下降乃至变为负值，自筹资金比率在 1989 年就下降至 28% ，到 1997 年的时候已经下降到了 26.9% 。权益资本比率在 1988 年股票市场高涨的时候曾经达到 20.1% ，但是到 1997 年的时候却降到了 5.5% 。股票权益资本比率在经济高速增长时期一直在 32% 到 64% 之间变动，但总体趋势是下降的，到 1997 年的时候已经下降到了 26.7% 。当 SFR、NEFR、IEFR 都在下降的时候，整个公司部门严重依靠外部融资以维持其增长。债务资本比率在 1997 年的时候达到了 73.3% ，这显示出一种高度的财务风险。

三、财阀部门的融资结构

对于财阀企业来说，自筹资金比率的平均值是 28.2% ，与整体公司部门的28.9%差不多。前30大财阀股票权益资本比率的平均值是29.5%，比总体公司部门的40.6%低了很多。这表明财阀的成员公司和总体公司部门比起来，借入资本的比例更高一些，平均是70.6%，而总体公司部门的借入资本比例为59.4%（表4.5）。

表4.5　前三十大财阀企业的融资模式

年份	自筹资金比率（SFR）	权益资本比率（NEFR）	债务资本比率（IDFR）	股票权益资本比率（IEFR）
1994	41.2	1.2	57.6	42.4
1995	36.8	1.4	61.8	38.2
1996	22.4	1.3	76.3	23.7
1997	12.3	1.1	86.6	13.4
平均	28.2	1.3	70.6	29.4

资料来源：Calculated using data of Seung No Choi, Largest Business Groups in Korea, Korea Federation of Industries.

韩国财阀扩张帝国的野心是导致他们背上沉重债务负担的主要原因。他们通过财阀成员企业之间的相互担保，能够非常容易地从银行借入资金。所有前30大财阀都严重依赖短期借入资金，即银行贷款。在1996年和1997年间，前30大财阀的权益资本比率迅速下降，而债务比例却迅速上升。最大的资金借入者是前11～30的财阀企业。他们短期借入资金占了整个资金来源的86.8%，整个外部资金来源达到94.7%。

严重依赖外源资本的融资方式导致的结果，是财阀相对于其他企业具有更高的资产负债率（表4.6）。据韩国日报经济部调查，1983年韩国制造业公司平均负债率为360.3%，平均自有资本比率为21.3%；而50大财阀的平均负债率为452.61%，平均自有资本的比率仅为18.1%。1990年代，韩国企业的负债率更是居高不下。据韩国有关方面的统计，韩国最大的30家财阀自有资本比率平均仅为18.2%，而负债比率却高达449%，是美国（160%）的2.8倍，日本（85%）的5.3倍。有的财阀负债比率甚至超过1000%。1997年以来破产的8大财团中，排名第8位的起亚财阀的负债率为1214.7%，排名第14位的韩宝财团的负债率为590.3%。韩国企业的负债率大大高于国际上企业负债率的警戒标准（230%）。

表 4.6 30 家大财阀企业的融资结构

1995		1996		1997	
财阀	资产负债率	财阀	资产负债率	财阀	资产负债率
现代	376.4	现代	436.7	现代	578.7
三星	205.8	三星	267.2	三星	370.9
LG	312.8	LG	346.5	LG	472.0
大宇	336.5	大宇	337.5	大宇	505.8
三洋	343.3	三洋	383.6	三洋	468.0
双龙	297.7	双龙	409.4	双龙	907.8
韩进	621.7	韩进	556.6	韩进	399.7
起亚	416.7	起亚	516.9	起亚	1214.7
韩华	620.4	韩华	751.4	韩华	944.1
乐天	175.5	乐天	192.1	乐天	359.9
锦湖	464.4	锦湖	477.6	锦湖	216.5
斗山	622.1	斗山	2065.7	斗山	1600.4
大林	385.1	大林	354.7	大林	513.6
韩宝	674.9	韩宝	688.2	韩宝	590.3
东亚	321.5	东亚	423.2	东亚	399.9
汉拿	2855.3	汉拿	292.0	汉拿	465.1
晓星	315.7	晓星	370.0	晓星	472.1
东国制钢	190.2	东国制钢	218.5	东国制钢	433.5
真露	2411.2	真露	3764.6	真露	323.8
Kolon	328.1	Kolon	317.8	Kolon	338.4
东洋	278.8	东洋	590.5	东洋	1498.5
韩松	313.3	韩松	261.8	韩松	893.5
东部	328.3	东部	307.8	东部	404.3
高合	572.0	高合	658.5	高合	1501.3
海太	506.1	海太	1225.6	海太	676.8

续表

1995		1996		1997	
财阀	资产负债率	财阀	资产负债率	财阀	资产负债率
三美	324.6	三美	478.5	三美	647.9
韩一	936.2	韩一	576.8	韩一	1784.1
极东	471.2	极东	347.6	极东	438.1
Newcore	924.0	Newcore	416.9	海太	375.0
碧山	486.0	碧山	490.9	碧山	419.3
财阀平均	347.5	财阀平均	386.5	财阀平均	519.0
所有产业平均	305.6	所有产业平均	335.6	所有产业平均	424.6

资料来源：Fair Trade Commission，Bank of Korea，Financial Statement Analysis Yearbook.

第三节　财阀高负债融资结构的决定

韩国财阀企业融资结构决策中多偏好债务融资而轻视股权融资，主要原因可以从两个方面来进行说明。一是采用债务融资的方式各种成本低，主要原因包括：政府对财阀企业暗中担保，使财阀企业面临破产的概率很小；韩国执行的是低利率贷款政策，使财务费用大大降低；财阀企业可以通过相互之间的交叉担保而达到银行为企业提供贷款的标准。二是股权融资的成本较高。股权融资成本高主要体现在韩国的股票市场不发达，交易成本高。

一、债务融资的成本

1. 政府给大企业提供隐性担保，不允许大财阀企业破产

由于韩国政府在信贷拨款方面起着主要作用，因此它不得不对银行贷款提供一种隐性担保。而且，如果银行和公司部门之间有着紧密的联系，则公司的破产会立即影响银行的稳定和生存，特别是大的财阀企业的破产。由于这些原因，在多数情况下，在财阀企业出现经营危机的时候政府都会对其实施营救计划。1972 年，整个世界经济处于低迷的发展阶段，韩国经济也停滞不前，大量企业背上了沉重的债务负担，面临破产的危险。在这种情况下，韩国政府采

取了第一份营救计划①，重组企业债务，并且韩国的中央银行以很低的利率对商业银行提供贷款。此后大约每隔 10 年政府都会采取类似的措施，这些措施意味着政府对财阀企业提供内在担保。一旦企业经营出现问题，政府就会采取相应的营救措施，不让财阀企业破产。

2. 政府控制的银行对财阀企业的贷款利率低

1962 年 9 月，韩国采取了利率现实化举措，把名义存款利率从 15% 提高到 30%，把银行贷款利率从 14% 提高到 24%，使公司所获得的存贷差额从 1% 提高的到 6%，也就是说，此时公司如果能从银行获取贷款，然后再把贷款存入银行就能获得可观的收益。1975 年，政府为了实现出口导向战略，刺激商品出口，开始对一些出口额、自有资本、出口产品和出口地域达到一定标准的大企业提供优惠贷款，而这些大企业都是财阀企业。当时一般出口公司的贷款利率为 19% ~ 20%，而这些得到政府照顾的财阀企业贷款利率仅为 8% ~ 12%。在政府大力发展重化工业时，国有银行就承担起为能够满足政府要求的财阀企业提供低于市场利率的优惠贷款的任务。在这一阶段，追随政府意愿的企业得到充分的发展，成长为以后非常有名的财阀企业，而小企业很难得到这样优惠的贷款。再有就是韩国经济的发展一直伴随着通货膨胀，很多时候实际利率都是负数，在这样的背景下，财阀必然首选债务融资作为优先的手段。然而，这种反复出现的政府援助行为并不是免费的。政府援助使本已脆弱的市场秩序更加恶化，而且导致了严重的道德风险问题的产生。在政府共担风险的暗示基础上，过度的公司举债经营导致了财阀"大马不死"的问题。

3. 财阀成员企业之间相互提供担保

财阀成员企业之间相互提供贷款担保的机制，也是维系财阀企业存在的另一个重要纽带。由于相互提供担保，使本来没有资格获得贷款的企业获得了贷款，不仅降低了资源配置效率，而且可能导致连锁性破产，最终增加金融机构的不良贷款，威胁金融体系的安全。事实上，1993 年 4 月韩国就制定了有关限制相互提供担保的规定。如果执行这一规定的力度再强一些，也许 1997 年经济危机的破坏力会小一些。

财阀企业之间相互提供担保虽然自 1993 年开始逐年下降，但到 1997 年交

---

① 1972 年 8 月紧急措施出台后，韩国政府引入各种政策措施，通过对大工业家采取紧缩性的信贷控制以及公司公开发售债务杠杆和改善公司治理。然而，这些措施与 1974 年之后随着大量金融支持而开始的重化工业运动一样仅取得了有限的效果。

叉担保占股本的份额仍然高达 91.3%。第 11 ~ 30 大财阀企业的交叉担保份额最高，占股本的 207.1%，第 6 ~ 10 家财阀企业交叉担保份额占 153.9%，前 5 大财阀企业交叉担保份额最低，只占 58.9%（表 4.7）。

表 4.7　前 30 大财阀交叉支付担保，1993 ~ 1997（占股本的百分比）

排　名	1993	1994	1995	1996	1997
前 30 大财阀	469.9	258.1	161.9	105.3	91.3
前 5 大财阀	—	—	—	64.7	58.9
第 6 ~ 10 位财阀	—	—	—	150.3	153.0
第 11 ~ 30 位财阀	—	—	—	200.0	207.1

资料来源：Fair Trade Commission and the Federation of Korean Industries.

二、股权融资的成本高——股票市场不发达

1968 年韩国起草了资本市场发展法案，在这部法案公布的初期，韩国政府给予上市公司税收方面的优惠，平均要比非上市公司低 10 ~ 20%，这样的优惠措施鼓励了大量企业开始上市发行股票，一度促进了股票市场的快速发展。1980 年代，韩国政府又陆续出台了几项政策措施促进股票市场的发展，如 1981 年 1 月宣布对外国投资者开放股票市场，同时对在股票市场投资的企业和个人给予税收上的优惠等等，这些政策措施使韩国的股票市场在 1980 年代进一步有了发展。但是到了 1990 年代，政府为了稳定股票市场开始采取限制企业发行新股的措施。政府采取这种限制政策的一个主要原因在于，许多上市公司存在严重的机会主义行为。Lee（1999）利用两种比率的国际比较分析了这一现象，他的研究表明，韩国的上市公司对股东只付很少的红利或者根本不付红利。从企业红利与净收入（利润）之比来看，韩国财阀只有 14 ~ 20%，美国与日本则为 40% 左右。韩国财阀分红比率低的一个重要原因是所有者—管理者试图逃避如果分红而产生的对其分红收入的巨额收入税；相反，他们通常采取从企业获得优惠贷款以及随意现金支付的方式取得补偿。从反映股权收益的指标——企业红利与股价之比看，韩国财阀只有 1.5%，远远低于利息率 9 ~ 10%；相反在美国，该比率通常是利息率的 1.5 倍。这一结果使得韩国的股票投资非常缺乏吸引力，1990 年代股东人数的下降显示了这一趋势，1990 年韩国有 240 万股票投资者，1996 年这一数字却下降为 146 万。上述因素在客观上阻碍了韩国股票市场的发展（表 4.8）。

表 4.8　股票市场的发展 1985～1998

年份	上市公司数	股价指数	市值（十亿韩元）	市值占 GDP 比重（%）
1985	342	138.9	6, 570	8.0
1989	626	918.6	95, 476	79.2
1990	669	747.0	79, 020	44.0
1994	699	965.7	151, 217	49.4
1995	721	934.9	141, 151	40.1
1996	760	833.4	117, 370	30.1
1997	776	654.5	70, 989	16.9
1998	748	406.1	137, 798	34.6

资料来源：Monthly Review （Securities Supervisory Board） and the Financial Supervisory Service.

第五章

财阀的公司治理与代理问题

第一节 公司治理与代理问题

一、两权分离与公司治理

代理问题的出现主要源于公司所有权与控制权的分离（詹森和梅克林，1976；Shleifer and Vishny，1997）。在公司成长的过程中，外部投资者（所有者）作为委托人为公司提供资金，管理者（代理人）按照委托人的意愿使用资金创造价值。所有者与管理者之间通过委托—代理合同确定双方的权利和义务。由于合约的不完备性，① 作为"理性经济人"的管理者就有可能机会主义地行事，为谋取个人私利而损害所有者与公司的利益。

管理者的机会主义行为既包括直接掠夺企业资产（如资产转移、内部自我交易等），也包括对企业利润最大化目标的间接损害，如奢侈的在职消费、滥用资产以保护自己的职位等（Shleifer and Vishny，1997）。并且，投资者与管理者之间信息不对称的程度越强，这种机会主义的风险就越严重。当投资者通过建立监督机制以防止管理者的机会主义行为，双方潜在的利益冲突就引发了监督成本。

代理成本是为委托人行使代理行为时的额外成本，它不仅包括直接成本，如管理费用和合约成本，还包括间接成本，如通过审计或董事会的监督成本，以及由于代理问题而导致的福利损失。

公司治理就是一种通过防止管理者行使机会主义，降低代理成本，以

---

① 詹加勒斯（Zingales，1997）从不完全合约的角度讨论了公司治理问题。他认为，正是由于签订完全合约的不可能性，才使得公司治理有了存在的必要。在阿罗—德布鲁的世界里，所有的决定都是事前的，事后只是执行而已；相应地，所有的潜在冲突都在事前得到了解决，所有的租金也都在事前得以分配。因此，公司治理根本没有用武之地。

"保证投资者能从其投资中得到收益的机制设计"（Shleifer and Vishny，1997：737）。具体地，就是如何通过银行、市场或其他机制来监督和诱导管理者，使其能按照投资者的利益经营企业，进而能够在代理成本最小化的情况下最大化企业的价值（Khan，2001）。

在世界各国，存在着不同的公司治理制度。尽管由于国际竞争压力的影响，各国公司治理制度有走向一致的长期趋势，总体上看，目前各国的差异还是非常明显的。① 那么，这些不同的公司治理制度有无好坏之分？《OECD 公司治理准则》认为，好的公司治理制度存在着共同的基础，但并不存在惟一好的模式（OECD，1999）。这就意味着，公司治理制度是具有国家特性的，它必须与本国的市场特征、制度环境以及社会传统相协调。史莱夫和维什尼（Shleifer and Vishny，1997）从降低代理成本的角度出发，比较了各国的公司治理制度，认为："美国、德国、日本和英国具有世界上最好的公司治理制度，他们之间的差异可能要比他们与其他国家之间的差异更小"（p. 2）。

根据解决代理问题的方式可将上述四国的公司治理制度划分为两类，即以美国和英国为代表的市场导向型治理体制，和以日本、德国为代表的银行导向型治理体制。② 这也是目前世界上最具体表性的两种模式。市场导向型体制主要依赖资本市场作为影响公司行为的工具，同时，法律和管理规则也起着很重要的作用。在使用这种模式的国家，法律框架明显地支持股东控制公司的权利，同时要求董事会和管理层严格地对股东负责。由于这种体制对于公司信息的披露具有严格的要求，因此，也常被称作是一种"以信息披露为基础的体制"（Nestor and Thompson，1999）。银行导向型治理体制强调银行在公司治理中的核心地位。与市场导向型体制相反，这种体制更加强调内部人之间有选择的信息交换，法律法规经常是禁止"投机性"活动而不是坚持严格的信息披露。

二、控股少数股东与公司治理：一种新的代理问题

自从伯利和米恩斯（Berle and Means，1932）提出"两权分离"概念后，

---

① 白丘克和洛（Bebchuk and Roe，1999）通过发展一个包括结构推动型和法律推动型的路径依赖理论解释了虽然过去几十年发达国家之间的经济结构和生活水平越来越趋于一致，但各国公司治理制度却依然差异很大的原因。

② 内斯特和汤普森（Nestor and Thompson，1999）则以"内部人"体制和"外部人"体制概括这两种公司治理制度。

"职业经理作为公司的管理者，严格地与公司的所有权分离"的思想一直主导着有关公司治理的研究范式。甚至在银行控制导向型的公司治理体制中（在这一体制中，银行不但作为主要债权人，更作为股票持有者，直接对企业实施监督），企业的管理者也是相对独立的（Shleifer and Vishny，1997）。

最近几年情况开始发生变化。拉波塔等人（La Porta et. al.，1999）通过对 27 个富裕国家中大公司的所有权结构的实证分析，发现了两个重要现象：其一，家族控制企业在世界各国非常普遍。除了那些对股东权益具有良好保护的国家，所有权广为分散的"伯利和米恩斯式"现代公司并不构成其他国家的主导企业类型；相反，大多数企业被家族或国家控制。例如，平均来看，终极家族所有者（ultimate family – owners）控制了各国最大 20 家企业市值的 25%。其二，这些控股股东对企业的控制权往往远远超过了他们的现金流操纵权（cash flow rights），并且控股股东侵犯外部小股东利益的代理问题在各国非常普遍。这样，在管理者侵权之外，就出现了一种新的代理问题——大股东侵害小股东利益的问题。

对于这些仅持有少数股权却能对企业实施绝对控制的股东，白丘克等人（Bebchuk et. al.，1998）率先提出"控股少数股东"（controlling minority share-holder，CMS）的概念，对其加以定义。进一步，他们还分析了控股少数股东获得大大超过其现金流操纵权的企业实际控制权的三种机制设计：相异投票权（differential voting rights）、股权金字塔和交叉持股。

1. 相异投票权

这是最易理解的少数控股股东形式。一家公司发行两种或两种以上的股票，这几种股票具有不同的权利。实际上，这种多重的股票结构是唯一不依赖于多层企业的建立而存在的 CMS 结构。

在双重股票结构中，将现金流与控制权相分离类似于一种小孩子的游戏。设计者简单地将投票权给予占总股份比例为 α 的那些股东，而其他股东及公众则没有投票权。

尽管简单，但多重股票并不是最普通的 CMS 结构，原因之一是法律对 α 值的变化幅度通常会进行限制，然而，相异投票权仍然还是很流行。拉波塔等人（La Porta et. al.，1999）观察发现，典型的 CMS 公司从来不把 α 值缩减到法定的最低值。

这种结构在瑞典、南非比较普及，最著名的是瑞典的沃伦伯格家族，被他们控制的公司股份占荷兰股票交易所股票总量的 40%，家族掌管 40% 的具有投票权的股票，但他们总共持有这些公司股份的比例仅为20%。最大的家用设备制造商 Electrolux 公司，主要投资者控制了95%的投票权股票，但持有总股份的比例还不到7%。同样在爱立信公司，主要投资者持有总股份的比例仅为4%，但却掌握了40%的具有投票权的股票。在南非，双重股票也被广泛接受，尽管不如股权金字塔结构那样普遍。

2. 股权金字塔

在这种情况下，少数控股股东可以通过建立一种金字塔式的公司结构而控制下层企业。在两家公司组成的金字塔结构中，一个少数控股股东通常对持股公司（holding company）进行控股，而持股公司控制子公司；在三层金字塔结构中，初始的控股公司对第二层公司控股，第二层则控制下一层的实际运营公司（operating companay）。

为分析在金字塔结构中现金流与投票权的分离，设公司数为 $N \geqslant 2$，控股者持有公司 1 的股份比例为 $S1$，公司 1 持有公司 2 的股份比例为 $S2$，依此类推，直到公司 N。只要 $Si \geqslant 1/2$，$(i = 1, 2\cdots, n)$，控股者对公司资产实行的就是正式的控制。控股者占有总现金流的比例为：

$$\alpha = (\prod_{i=1}^{n}) Si$$

事实上，无论 α 取值多么小，都存在一个金字塔结构，使得控股者在不必持有大于 α 的比例的现金流的情况下就能控制全部资产。n 越大，乘积 α 就会越小。如果每级公司都持有下一级公司的 50% 的投票权股份，那么 $\alpha = (0.5)^n$。例如当有三层金字塔时，少数投资者占有母公司 12.5% 的现金流，就可以控制这个公司。

拉波塔等人（La Porta et. al., 1999）发现，金字塔结构是少数控股股东结构中最为普遍的集中控制机制，在亚洲国家中很常见，欧洲国家也如此。著名的李嘉诚家族就是其中一例。李氏家族通过长江实业上市公司来运作，占有该公司35%的股份。而长江实业占有其最主要子公司 Hutecheson Wampoa 44% 的股份，Hutecheson Wampoa 则控制了 Cavendish 国际，而 Cavendish 是香港电气的控股公司。印度也有许多这样的例子。

3. 交叉持股

与金字塔结构相比，交叉持股结构是与水平的相互持股相联系的，这种结构确立并加强了核心控股者的权力。因此，相互持股结构与金字塔的最主要区别，就在于控制一个集团的投票权分布在整个集团，而不是集中于某个公司或是某个控股者手中。

为了证明交叉持股结构下现金流与投票权的分离，考虑一家形成交叉持股结构的由 N 家公司组成的集团。S_{ij} 表示 j 公司掌握的 i 公司的股票份额。假设控股者也直接掌握 i 公司股票额的 S_i 比例。那么，对每一个 i 来说，如果控股者能保持：

$$S_i + (\sum_{j=1}^{n} S_{ij}) > \frac{1}{2}$$

控股者就能彻底控制所有 N 个公司的资产。然而，控股者可能只占有这些公司现金流权益的很小一部分。举一个最简单的对称型案例：一个控股者掌握着两个公司股份的比例都为 S，而这两个公司相互持股比例为 H，$S + H \geq$ 1/2。由此，计算控股者对公司现金流控制权（α）的值为：

$$\alpha = \left(\frac{s}{1-h} \right)$$

与金字塔结构相同，对于任何 α 值来说，不管它多么小，都可以通过建立交叉持股结构来实现控股者对公司资产的完全控制。比如，在上述对称的两公司结构中，α 值是可以被确定的（见公式）。要使该情形成立，可以通过使 $S = 1/2\alpha\ (1-\alpha)$，$H = 1/2\ [1-\alpha\ (1-\alpha)]$ 来获得。对于非对称的交叉持股结构，上述等式同样也是可以成立的。

交叉持股结构同样在亚洲大量存在。一个十分明显的例子是泰国的 Chareon Pokphand（CP）家族。这个家族直接控制 CP 饲料（农产加工、不动产、零售及制造业和电信）公司 33% 的股份，CP 东北公司 2% 的股份，和曼谷农工公司 9% 的股份。而 CP 饲料公司持有 CP 东北公司 57% 的股份，持有曼谷农工公司 60% 的股份。CP 东北公司持有曼谷农工公司 3% 的股份，曼谷农工公司则持有 CP 饲料公司 5% 的股份。而这三家公司都是在曼谷股票交易所上市的公司。

第二节　财阀的所有权结构

一、韩国上市公司所有权的总体构成

1. 公司的所有权分布

大部分韩国上市公司的所有权相当集中。在所有上市公司（包括银行和其他金融企业）中，个人所有者——证券投资者和控股所有者及其家族——

构成了最大的持股集团（表5.1）。另外两个重要的持股集团分别是"其他公司"和银行。这种股权分布模式在1992~1997年间几乎没有什么变化。在上市非金融公司中，个人仍然是最大的持股集团。不过，经历了1987~1989年股票市场的繁荣之后，除了个别年份出现短暂的恢复以外，韩国股票市场一直处于下滑状态，个人投资者数量从1990年的250万人下降到1997年的约135万人，其持股比例也从1988年的69.1%下降至1997年的60.6%。

表5.1 上市公司的所有权构成（1988~1997） 单位:%

| | | 金融机构 | | | | | | | |
年份	公司数量	国家[a]	银行等[b]	证券公司	保险公司	总量	其他公司	外国人	个人
A. 所有上市公司[c]									
1992	681	9.2	16.9	5.2	5.9	28.0	18.8	4.1	39.9
1993	687	8.6	17.5	4.7	5.8	28.0	17.2	8.7	37.6
1994	698	8.7	18.3	3.6	5.4	27.3	18.1	9.1	36.9
1995	715	8.0	18.3	2.9	5.7	26.9	18.6	10.1	36.4
1996	754	7.4	17.4	2.2	6.5	26.1	20.6	11.6	34.3
1997	775	6.6	13.2	2.1	6.4	21.7	22.8	9.1	39.8
B. 上市非金融公司									
1988	406	0.5	4.1	4.3	1.3	9.7	17.4	3.3	69.1
1989	498	0.7	8.0	5.5	1.2	14.7	14.3	1.9	68.5
1990	531	0.6	9.2	7.5	1.5	18.2	17.4	1.8	62.0
1991	505	0.5	9.2	7.2	1.5	17.9	18.6	2.2	60.8
1992	508	2.2	9.6	7.7	1.8	19.2	16.5	3.2	59.0
1993	511	2.3	12.2	7.0	2.1	21.3	12.4	5.0	59.1
1994	521	1.8	8.6	8.0	1.9	18.5	13.6	5.3	60.8
1995	548	2.3	9.3	5.5	2.1	16.9	16.1	5.2	59.7
1996	570	2.4	8.5	4.9	2.3	15.6	17.6	5.0	59.5
1997	551	1.7	6.5	4.9	2.4	13.8	19.1	4.8	60.6

注：a. 国家股份包括政府及国有公司；

　　b. "银行等"包括商业银行、投资信托公司及金融公司等；

c. 数据来源于看过证券交易所（KSE）。

数据来源：Zhuang, Juzhong, David Edwards and Ma. Virgnita A. Capulong（2001）："Corporate Governance and Finance in East Asia：A Study of Indonesia, Republic of Korea, Malaysia, Philippines, and Thailand", Asia Development Bank.

金融机构的持股比例在这段时间内波动较大，1993 年以后开始稳步下降。"其他公司"的平均持股比例在 1988 ~ 1997 年间一直稳定在 16% 左右。外国投资者在 1992 年被首次允许其直接投资后逐渐上升。1997 年末，外国投资者的股份已经从 4.1% 增加到 9.1%，而且拥有总的市场价值的 13.7%（表5.2）。金融危机后，外国所有权比重迅速增加。到 1998 年末，外国投资者拥有的股份价值几乎达到总市场份额的 18.6%。与其他国家相比，韩国的外国投资者的所有权份额应该说是很高的。

1989 年政府的所有权达到 11.9% 的最高百分比，当时大型国有企业如POSCO 纷纷上市，这之后，政府所有权也开始下降，到 1997 年降至 6.6%。而且，对所有上市公司持股情况的比较可以发现，非金融公司中的政府所有权比重非常之小，也更为集中。大部分政府所有权集中在大公司和银行中，并且在多数情况下，政府是唯一的所有者。1998 年，作为帮助金融机构摆脱困境计划的一部分，政府获得了一些银行更大的股份。

表5.2 不同类型投资者的股份分布   单位：%

	1996		1997	
	市场价值	股份数量	市场价值	股份数量
公共部门	10.8	7.4	10.9	6.6
非银行金融机构	15.2	15.6	12.7	12.2
银行	10.6	10.5	10.2	9.4
公司	19.6	20.6	22.8	22.8
个人	30.8	34.3	29.6	39.8
外国投资者	13.0	11.6	13.7	9.1
总计	100.0	100.0	100.0	100.0

资料来源：韩国证券交易所 1998 年 4 月。转引自 Nam et al.（2001）："Corporate Governance in Korea". In OECD ed., *Corporate Governance in Asia：A Comparative Perspective*, 2001.

按照大、中、小的分类方式进行比较，上市非金融公司的所有权分布没有显著区别（表5.3）。一个小的不同是，公司的持股比例在大型企业中稍稍高一些，显示出它们对企业内金融投资的更高的依赖性。

表 5.3　韩国上市非金融公司的所有权构成（1997）　　单位：%

企业规模[a]	公司数量	国家[b]	银行等[c]	证券公司	保险公司	其他公司	外国人	个人
大型	211	1.2	6.8	4.8	2.4	21.5	4.9	58.4
中型	208	1.4	6.4	4.9	2.5	18.6	4.4	61.5
小型	80	2.4	5.1	5.8	2.1	16.5	5.4	62.6
总计	499	1.7	6.5	4.9	2.4	19.3	4.8	60.4

　　注：a. 资产规模超过 150 亿韩元的为大公司，小于 50 亿韩元的为小公司，其他为中型公司；

　　　　b. 国家股份包括政府及国有公司；

　　　　c. "银行等"包括商业银行、投资信托公司及金融公司等。

　　数据来源：Zhuang, Juzhong, David Edwards and Ma. Virgnita A. Capulong（2001）："Corporate Governance and Finance in East Asia：A Study of Indonesia, Republic of Korea, Malaysia, Philippines, and Thailand", Asia Development Bank.

　　2. 所有权的规模分布

　　大部分股东的投资是小规模持有股票，一般持有量低于 500 股。1997 年，68% 的投资者持有少于 500 股的股票，这些小股东拥有的股票的市场价值总和低于总市场价值的 3%。不到 5% 的投资者拥有 5000 股或更多股份，这些大股东持有了超过总市场价值 82% 的股票份额。如表 5.4 所示，大股东拥有的股份超过总股份的 20%。自 1996 年以来，个人大股东的所有权已经增加到超过 5%。一些人认为这种所有权的增长与外国所有权的增加有关，因为外国所有权达到了一个重要的水平，现有的控制股东迫于压力而采取增加其自身所有权份额的方式来维护他们的控制权。

　　由于交叉持股使得所有权模式复杂化，所以对投资者最终所有权的数量进行估计是十分必要的。通过利用拉波塔等人（1998）和克莱森等人（Cleassens et al.，1998）中的方法追踪投资者最终的所有权，我们可以研究公司最终所有权的集中度。表 5.5 列出了在家族或政府最终控制下的公司数量和广泛持股的公司数量。如果在 10% 的最低预期资本回收率水平上所有权集中对控制权是必要的，则有超过 2/3 的公司是在家族股东控制之下的。当最低预期资本回收率从 10% 上升到 20% 时，许多集中控股公司一跃而成为广泛持股的公司。当最低预期资本回收率对控制一家公司是必要的并且不断上升时，更多的公司可以被描述成广泛持有型的公司。

表 5.4　韩国不同规模投资者的所有权分布　　　　单位：%

	1996		1997	
	股东数量	股份数量	股东数量	股份数量
小股东	98.1	73.0	98.5	66.0
（机构）	（1.2）	（46.9）	（1.1）	（33.3）
（个人）	（96.8）	（26.1）	（97.5）	（32.7）
大股东	0.3	21.6	0.2	26.8
（机构）	（0.0）	（15.7）	（0.0）	（18.7）
（个人）	（0.2）	（5.8）	（0.2）	（8.1）
其他股东	1.7	5.4	1.3	7.2
（机构）	（0.3）	（3.1）	（0.3）	（4.9）
（个人）	（1.4）	（2.3）	（1.0）	（2.3）
总计	100.0	100.0	100.0	100.0

注：小股东意味着投资者拥有低于 1% 的所有权。

资料来源：韩国证券交易所 1998 年 4 月。转引自 Nam et al. （2001）："Corporate Governance in Korea". In OECD ed. , *Corporate Governance in Asia：A Comparative Perspective*, 2001.

表 5.5　韩国公众公司的控制权

最低预期资本回收率	广泛持有	家族控制	国家控制
10%	14.3	67.9	5.1
20%	43.2	48.4	1.6
30%	76.2	20.1	1.2
40%	94.8	3.5	0.9

注：公司的数量是 350 家，包括最大的 100 家。

资料来源：Claessens, Stijn, Simeon Djankov, and Larry H. P. Lang （1998）："Who Controls East Asian Corporations?" World Bank, December.

二、财阀的所有权结构

韩国财阀所有权结构的典型特征是这些企业集团绝大多数都被其创始人或其后代所控制。据对 300 家韩国上市公司的股权分布调查表明，韩国多数财阀的主要股东是个人及其家族。由家族控制的核心企业通过法人持股方式控制其他企业，是韩国财阀集团化的基本模式。根据 1980 年代早期的数据资料，

Hattori（1989）归纳出了三种所有权构成型式。Lee（1997）和 Lim（1998）后来的研究发现了相似的型式。基于这些研究，Kang（1996）将韩国财阀的所有权型式归纳为以下三种（参见图5.1）：

类型 A　直接的所有权结构

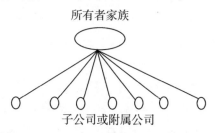

类型 B　持股公司结构

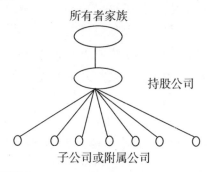

类型 C　交叉所有权结构

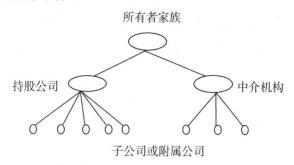

图 5.1　韩国财阀的所有权结构

第一种（类型 A）被称为"直接所有权结构"（direct ownership structure）。一个家族以其个人或家族的名义直接拥有成员公司的大量股份并成为每个公司的控股股东。韩进集团是这种类型的典型代表，到1997年该财阀共包括8家上市公司和16家私人持股公司。

第二种（类型 B）被称为"持股公司结构"（holding company structure），这是一种简单的金字塔结构。在这种所有权安排中，家族是一个或多个战略性核心公司的控股股东，这些核心公司则对附属公司具有足够的股权参与。更低层次附属公司之间的投资几乎不存在。韩华集团是这一类型的典型代表，该集团由 7 家上市公司和 24 家私人持股公司组成。它的控股家族在三个核心公司中掌握着控股股份，然后通过这三个核心公司取得对其他成员公司的控制权。

第三种（类型 C）被称为"交叉所有权结构"（mutual ownership structure）。在这种型式中，家族直接控制一家核心公司和一家非营利基金，然后通过他们对附属公司进行投资。家族本身在一些附属公司中持有股份，这些附属公司则又在其他一些附属公司中持有股份。现代集团是这种类型的典型代表。到 1998 年，该集团共有 18 家上市公司和 39 家私人公司。控股家族在两家核心公司里有大规模的投资，在其他公司中则有少量投资。家族控制的一个非营利基金是其中一家核心公司的最大股东。上述两家核心公司在其他三个核心公司中具有投资。同样，附属公司之间具有大量的投资。这样，这个家族就通过其自己的股份、核心公司的投资、非营利基金的持股以及附属公司的股权参与等形式，获得了对集团成员公司的控制。

在上述三种类型中，第二种和第三种是大型财阀最普遍采用的所有权型式。总体上看，韩国财阀的所有权集中度并不高，前 30 大财阀的所有权集中度平均只有 10%（表 5.6），其中，通过至少 40% 股份控制一家财阀的占不到 4%，通过至少 30% 股份控制一家财阀的占不到 30%；相反，有 67% 的大财阀被持有股份不超过 10% 的家族所控制（Joh and Ryoo，2000）。

表 5.6　集团内所有权集中度　　　　　　单位：%

	1995	1996	1997
1. 现代	60.4（15.8）	61.40（15.60）	56.2（14.6）
2. 三星	49.3（3.1）	49.01（3.29）	46.7（4.2）
3. LG	41.4（6.7）	39.88（6.73）	40.1（6.1）
4. 大宇	39.7（6.8）	41.69（6.80）	38.3（7.1）
5. SK	51.2（17.7）	48.64（16.53）	44.7（14.6）
6. 三洋	33.1（4.2）	37.03（4.36）	42.0（4.5）
7. 韩进	40.3（22.1）	41.19（21.06）	41.4（21.1）

续表

	1995	1996	1997
8. 起亚	21.9 (17.7)	25.59 (4.55)	30.6 (21.0)
9. 韩华	36.7 (5.5)	32.83 (6.63)	33.0 (6.3)
10. 乐天	22.3 (3.5)	22.20 (3.39)	22.8 (3.4)
11. 锦湖	40.3 (2.6)	41.86 (2.45)	40.1 (2.3)
12. 汉拿	57.8 (30.5)	55.56 (22.74)	49.5 (19.0)
13. 东亚	40.1 (20.1)	42.38 (16.54)	54.2 (12.0)
14. 斗山	51.6 (14.6)	48.99 (14.30)	49.7 (13.8)
15. 大林	37.6 (9.3)	33.90 (9.35)	34.2 (9.1)
16. 韩松	—	54.27 (8.97)	37.3 (4.1)
17. 晓星	43.6 (14.3)	44.01 (14.56)	44.9 (14.2)
18. 东部	46.6 (15.5)	50.30 (17.95)	51.0 (18.5)
19. 真露	47.2 (15.5)	45.58 (15.67)	45.8 (17.5)
20. Kolon	47.6 (12.1)	49.66 (11.62)	45.1 (8.6)
21. 高合	46.7 (6.0)	46.05 (10.01)	39.4 (8.6)
22. 东部	40.4 (15.5)	43.83 (13.33)	47.8 (14.6)
23. 东洋	46.1 (7.9)	53.06 (3.53)	50.1 (6.1)
24. 海太	34.0 (5.3)	30.48 (3.91)	30.9 (6.0)
25. Newcore	—	99.38 (35.55)	98.7 (36.4)
26. 亚南	—	—	42.0 (10.0)
27. 韩一	43.1 (16.2)	36.29 (11.10)	37.4 (12.2)
28. 金容	—	—	59.0 (17.5)
29. 米旺	49.8 (18.9)	52.5 (16.3)	—
30. 新湖	—	—	36.9 (13.6)
* 三美	30.9 (13.7)	28.36 (15.59)	—
* 极东	25.0 (8.8)	26.48 (8.95)	—
* Byucksan	41.3 (15.1)	36.19 (14.98)	—

续表

	1995	1996	1997
＊韩宝	88.3（88.2）	—	—
平均	43.3（10.9）	44.14（10.82）	43.0（9.3）

注：（1）对每个企业集团来说，"集团内所有权"是家族股份加上其在子公司中股份的加权平均（按资产规模计算）。

（2）排名是 1997 年的。

（3）括号内的数字是控股股东和家族成员的股份之和。

数据来源：韩国公平贸易委员会。转引自 Nam et al.（2001）："Corporate Governance in Korea". In OECD ed.，*Corporate Governance in Asia：A Comparative Perspective*，2001.

第三节　财阀的公司治理结构

现代企业的公司治理结构可以分为内部治理机制和外部治理机制。内部治理机制主要涉及管理者与股东，或内部人（包括管理者与控股股东）与外部股东之间的关系。构成内部治理机制的重要制度及法律或合约安排主要包括股东权利，保护股东权利或事后补救的方式；董事会的角色、责任及构成等。作为一种战略互补性（strategic complementarity）制度，外部治理机制是指来自公司以外的力量施加的对公司内部人的约束。存在三类重要的外部治理机制：通过债权人（即金融机构）的控制；公司控制市场，特别是收购与兼并机制；政府控制。根据国家和商业环境的不同，这些机制的应用程度也存在一定差异。

一、内部治理机制

公司的内部治理机制主要涉及不同利益集团在决定公司发展方向和行为过程中所形成的相互关系，在一个公司内部，最重要的集团包括：（1）股东，即少数或多数股东；（2）管理层，即首席执行官和高层决策团队；（3）董事会。这三者之间的关系为公司目标的确立、发展方向的制定以及达到这些目标所需要的手段提供了一种决策结构。企业内其他利益相关者如雇员、顾客、供应商、债权人和当地社区，虽然他们也与公司的命运存在利害关系，但与前三者相比，它们的影响是相对有限的。因此，我们将集中分析这三个集团在韩国财阀公司治理结构中的角色，以及他们对公司命运的影响力。

1. 管理层的角色

首先我们分析韩国财阀的管理层，尤其是管理层的构成和不同人群所扮演的角色。因为财阀集团由家族所有或被其所控制，我们的分析将分为两部分，第一部分讨论管理集团的家族的角色，第二部分则集中分析职业经理人的角色。

（1）财阀管理层中所有者家族的角色。

几乎所有的韩国财阀都是由其创始人在20世纪40、50年代白手起家建立起来的。这些创始人创立和管理他们的企业，并使之达到现在的规模。韩国财阀短暂的历史就可以说明其创始人的管理作用及其家族对企业管理的影响力。表5.7显示了1997年前十大财阀的创始人及其作为CEO参与企业管理的情况。

表5.7　财阀管理层—创始人与CEO

财阀	收入（10亿美元，1997）	创始人（所有者家族）	家族CEO	代际（1，2）1997
三星	60	李健熙	是	2
现代	58	郑周永	是	1
LG	43	具本茂	是	2
大宇	35	金宇中	是	1
SK	22	孙吉丞	是	2
双龙	15	金锡元	是	2
韩进	8	赵亮镐	是	1
韩华	8	金升渊	是	2
Lotte	6	辛格浩	是	1
大林	5	李埈镕	是	1

资料来源：Asmus Komm（1999）："Control Structures in Korean Conglomerates". Mimeo.

表中显示，所有集团中都有一个来自于创始人家族的CEO，其中一半仍然由创始人本人担任CEO，另一半则由创始人家族的第二代来担任CEO的职责。

财阀集团的管理是高度层级制的。大部分集团的创始人都是家长式的专制的管理者，所有主要的决策都是由CEO——通常就是他们自己——来决定。

那么，如此之大的一个集团的会长是通过何种方式管理这么多的公司呢？答案包括两个方面：第一，财阀的会长通常由一个被称为企业中心（corporate center）或会长办公室（chairman's office）的内部智囊团对其进行支持；第二，由家族成员担任重要职务对公司进行日常管理。

会长办公室是整个组织的中枢系统，它的主要任务就是为高层管理者作决策时提供有价值的相关信息。除此之外，会长办公室还提供一些核心服务。图5.2 显示了会长办公室的组织结构及服务内容。

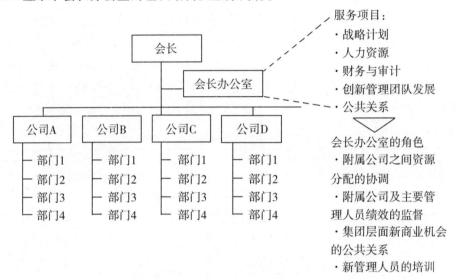

图5.2　会长办公室的角色与服务

资料来源：Asmus Komm（1999）："Control Structures in Korean Conglomerates"，working paper.

企业中心不同的角色清楚地表明它在协调集团中不同子公司之间相互关系的重要作用。它的重要性不仅体现在监督和制定长期的战略方案，而且还体现在监督不同分公司的财务状况以及集团的人事培训方面。会长办公室由一个具有娴熟技能的团队构成，它从各行各业网罗人才来提升技术和能力，并培养高层管理人才。

以三星为例，该集团雇用了800人，分成包括国内融资部、国际融资部、技术部等在内的13个组，进行不同的项目工作。三星公司办公室由5位执行董事和6位董事组成，由于该办公室对于会长和整个三星公司来说都非常重要，因此，只有那些最有能力和最值得信任的经理才有资格在该办公室任职。

在会长办公室,一台电脑记录了经理们的技能、背景、业绩和品质,这些数据使得办公室可以为不同的项目选择合适的人选。

保持和实施家族控制的第二种重要措施是控股家族深深介入集团的日常管理,这也是韩国财阀的一个独特之处。家族成员担任集团中各个企业的管理职位。一项调查表明20家企业集团中有31%其主要管理人员都是家族成员;①另一项想要量化所有者家族对最大几家集团影响的研究采取了十分制的方法,②依据管理职位的重要性给家族成员以不同的分值,③表5.8显示了该研究的结果。

表中显示,财阀集团中大约有11%的决策者是家族成员,有53%的决策者是从集团内部进行提拔,剩余的36%才是外部聘用。但总体上看,家族决策者占据了更为重要和更具影响力的管理职位。他们对公司管理的影响力占了总体的22%。虽然从内部提拔的决策者从人数上看是家族决策者的5倍,但其影响力仅仅是后者的2倍。

综上所述,我们可以得出以下结论:财阀的管理是高度层级制的。大多数重要的管理决策权被集团会长所掌握。基于财阀较短的历史,集团会长通常就是创始人。借助于会长办公室和家族成员占据公司高层管理要职,这些会长得以能够控制由所他所一手创建的"企业帝国"。

表 5.8　家族决策者的角色

LG 公司——管理者及其影响力

公司	经理人员数量			影响力		
	家族成员	内部任命	外部雇佣	家族成员	内部任命	外部雇佣
A	2	15	4	20	29	14
B	4	18	5	26	39	18
C	1	3	7	4	11	17
D	1	6	7	10	13	30

① Lee, S and Yoo, S.: "The K – Type Management – A driving Force of Korean Prosperity" in MIR Vol. 27, 1987.

② Hattori, T. "Comparison of large corporations in Korea and Japan", in Lee, H and Chung K eds. "The structure and Strategy of Korean Corporations", Seoul 1986.

③ 计分规则如下:会长 = 10;副会长 = 5;常任董事(representative director)= 4;执行董事 = 3;子公司董事 = 1。

LG 公司——管理者及其影响力

公司	经理人员数量			影响力		
	家族成员	内部任命	外部雇佣	家族成员	内部任命	外部雇佣
E	2	8	12	5	26	26
F	2	4	4	20	7	13
G		5	1		16	10
H	1	3	2	10	15	4
I	2	13	2	5	41	4
J	1	4	2	10	6	4
K	1	5	4	3	11	13
L	1	3	9	3	12	25
M		1	5		1	16
总计	18	88	61	116	227	194
百分比	10.8	52.7	36.5	21.6	42.3	36.1

资料来源：Asmus Komm（1999）："Control Structures in Korean Conglomerates"，working paper.

（2）职业管理层的角色。

由于控股家族对整个集团同时实施控制和管理经营，使得韩国的职业经理人市场一直没有发展起来。一些职业管理人员，通过长期辛勤的工作，最终获得了管理层的高级职位，但是，最有影响力的职位却被财阀创始人及其家族所牢牢控制着。并且，就象 Lee（1999：16）所描述的，"在财阀企业中，当你顺着企业的梯子不断往上爬的时候，职位的安全性会迅速下降。你爬得越高，就会越早被赶出企业……（而且）当老的创始人将企业交与其后代继承时，旧的高级管理人员和智囊团就会被迅速地踢出企业"。

阻碍职业经理层发展的因素主要有三个：后发的工业化，财阀的家族所有与控制，以及财阀创始阶段资金的缺乏和金融制度的落后（Nam，1999）。大部分创建于 20 世纪 40～50 年代的韩国财阀，相对于西方发达国家企业几百年的资本主义发展，显然属于年轻的企业，这也是他们大多数仍由第一代创始人控制的根本性原因（比如根据表 5.7，在前 10 大财阀中仍然有 5 个由第一代创始人掌舵）。就后发工业化对韩国财阀的家族控制而言，Nam 引用钱德勒（Chandler）的观点，认为职业经理的发展取决于两个重要因素，一个是资本市场制度的发展，另一个是技术革新与产业进步。而这两项对于韩国来说都不具备。

首先，特别是在企业创建时期（1950~1960 年代）和随后的成长时期（1970~1980 年代），韩国实施的是资金分配和技术进口的发展战略以及具有倾向性的产业政策，政府控制着几乎所有的稀缺资源的分配。在这种工业化战略下，企业能否快速发展的决定性因素并不在于是否具有一个优秀的管理层，而在于企业领导人是否能更接近政府官员，进入战略性产业，获得补贴性贷款。虽然 1980 年代以后，政府逐步实施了一些自由化政策，但政府—银行—财阀之间的"魔术三角"关系仍紧紧地困扰着财阀体制的变革。结果，"对外无所不能"自然导致了财阀领导人对内的"家长式"、"集权式"领导，职业经理则被赋予了决策执行者的角色。

第二，钱德勒提出的有利于管理能力提高的技术革新和产业进步在韩国也是相当缺乏。相反，对于国外已经发展成熟的一种产品或者一个产业，在韩国是政企关系决定着市场机会。于是，企业之间的市场竞争变成一种"谁更能接近于政府"的竞争。一旦获得政府的信任和扶持，企业的安全和发展就得到了充分的保障。

2. 股东的角色

前已分析，韩国财阀的控股家族整体所持的股份数额平均只有 10%，这是一种典型的白丘克等人（Bebchuk et al.，1998）所指的控股少数股东结构。控股家族能以不到 10% 的股份控制规模如此之大的整个企业集团，主要有三个原因：

第一，控股家族虽然个人控股量很小，但正如上述第二和第三种所有制类型所显示的，它们通过股权金字塔和横向持股等方式，能够掌握 30~40% 的公司股份，从而完全控制企业。事实上，直到 20 世纪 80 年代初，财阀创始人或者家庭还主要通过银行贷款提供公司所需资金，因此很容易维持其对所有附属公司的控制。但是，当财阀规模变大后，仅靠家庭就难以继续维持对集团的控制权。这样，采取交叉持股便成为家庭维持集团经营控制权的主要应对措施。

公司间交叉持股最先是由韩国商法典（KCC）予以规范的。但是，KCC

的限制并未有效控制交叉持股。为了更加有效地控制同一财阀附属公司之间的交叉持股，公平交易法案于 1990 年禁止交叉持股。但是，由于该限制仅适用于同一财阀的两家公司之间，因此同样没有奏效。

针对这种情况，政府的反应是，将公司对外的投资限制在其资产净值的一定比例内。这一做法在于防止财阀附属公司股权结构的集中。按照 2001 年 4 月 1 日起实行的规定，对于 30 家大财阀的附属公司，至多可以用该公司资产价值的 25% 持有其它公司的股份。[①] 但是，该限制在很大程度上受到了制约，因为财阀倾向于通过增加净资产而不是减少投资额来满足 25% 的要求。结果，这一限制不但未能影响公司的对外投资，相反，财阀通过增加对外投资和净资产迫使投资比例下降。总体上，财阀利用股权控制附属公司非但未减弱反倒得以加强，即使是 40% 的限制也无济于事。

交叉持股显然有助于巩固控股家族对集团的控制力。将控股股东持有的股份与附属公司之间的交叉持股结合起来，就形成了高度集中的股权结构。包括企业创始人或其亲属以及附属公司在内的这些股东可以被称为"内部人"，他们在财阀中组成了大的投票集团，藉此对附属公司行使控制权。尽管集中股权的形成方式不同，但是股权明显集中在内部人手中，特别是前 5 名财阀股权集中程度更为严重，比如，现代集团的内部人在 1995 年的持股比例达 60.4%，这一比例足以使财阀会长对其附属公司进行完全控制。在股权分散的情况下，即使持股比例较低（比如 15~20%），也有可能控制一家公司。根据韩国证券监督管理委员会的统计，上市公司的主要股东 1997 年 10 月平均持有公司 33.31% 的股份。

事实的确如此。自 1980 年代以来，虽然最大股东在最大 30 家财阀中的持股比率不断下降，但通过成员公司间的横向持股，使得内部持股比率在 1990 年代一直稳定在 43~45% 之间（参见表 5.9）。1990 年代，面对最大股东所占份额的下降，成员公司实际上提高了其持股比率，这明显是为了保证管理控制权不会得到挑战。[②]

<hr />

① 韩国公平贸易法案第 10 条。

② 最大股东的股份下降是很正常的，因为在整个增长过程中，随着企业不断增发股票，对于个人（控股股东）来说，要保持其所有权比率不下降非常困难。

表5.9　最大30家财阀内部持股比率（每年四月）　　　单位:%

	1983	1987	1990	1993	1995	1996	1997	1998	1999
内部持股总量	57.2	56.2	45.4	43.4	43.3	44.1	43.0	44.5	50.5
最大股东及相关成员	17.2	15.8	13.7	10.3	10.5	10.3	8.5	7.9	5.4
成员公司	40.0	40.4	31.7	33.1	32.8	33.8	34.5	36.6	45.2

资料来源：Korea Fair Trade Commission；转引自 Sang – Woo Nam （1999）："Korea's Economic Crisis and Corporate and Governance"，working paper，KDI School of International Policy and Management，Seoul，South Korea.

图5.3 显示了一个财阀内部所有者如何控制公司的情况。它所描述的是三星集团的会长李健熙通过何种方式控制三星电子——集团中的一个核心公司——的案例。到1998年末，李健熙控制了三星电子2.4%的股份，并且是最大的个人股东。其他主要的股东都是三星电子的关联公司如三星生命（7.0%）、三星公司（3.5%）、希杰（3.2%）、新世界百货（1.9%）、第一合纤（1.6%）以及中央日报（1.0%）。

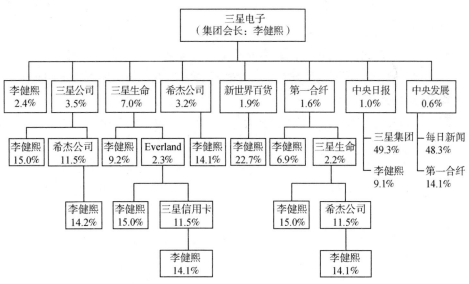

图5.3　1998年三星集团附属公司中三星电子的所有权结构

资料来源：Jung，Kooyul，Soo Young Kwon （2002）："Ownership structure and earnings informativeness Evidence from Korea"，*The International Journal of Accounting*.

李健熙同时也是这些三星电子的关联公司的最大股东，比如在三星生命中，李健熙持有的股份为9.2%，在希杰和新世界百货，则分别持有14.1%和22.7%的股份。对于三星电子其他的股东——中央日报及其子公司中央发展，李健熙并不是最大的股东，但是，他却间接控制了这些公司，因为它所控制的三星集团拥有中央日报49.3%的股份和中央发展48.3%的股份。

这样，虽然李健熙仅仅持有三星电子2.4%的股份，但却通过直接或间接的方式控制了19.6%的股份（李健熙个人持有的股份加上所有关联公司所持有的股份）。三星的例子充分显示了在一个财阀中，一个所有者如何能够控制一家核心企业，并通过少数控股的形式最终控制整个集团的情形。

第二，绝大多数股东都是小的个人投资者，他们无意也无力参与监督活动。在韩国的上市公司中，大约有97%的股东是小的个人股东，作为一个整体，他们持有上市股份的比率在1980年代是60%，1990年代为40%，但每个投资者拥有的股份不超过1%（Joh and Ryoo，2000）。由于对管理者的监督活动属于"公共物品"的范畴，单个投资者由于监督成本与收益不对称所产生的"搭便车"心理会最终导致"集体行动的困难"。此外，法律对小股东权益的限制也不利于他们实施必要的监督。①

第三，虽然机构投资者（包括投资信托公司、保险公司等）平均持有大财阀10%左右的股份，但他们通常并不参与企业监督。原因主要有两个方面：一是法律的限制。韩国的法律允许金融机构持有其他公司的股份，但却具有严格的限制条件。比如，银行被允许投资股票和债券的上限是其净资产的100%，而且，股票投资不能超过被投资公司的全部股份的10%。对保险公司的限制更为严格，其股票投资不能超过被投资公司发行股份的5%。对于投资信托公司来说，股票投资的上限则是不能超过被投资公司全部股份的20%。除了股权限制，制约机构投资者影响企业决策的更大的限制是，在1998年以前，根据所谓的影子投票法规（shadow - voting rule），法律禁止机构投资者对公司决策实施投票权。二是这些机构投资者中许多本身就被财阀所控制。比如，到1988年，最大的30家财阀拥有12家证券公司（全国总数为25家），18家保险公司（总数为35家）和18家投资信托公司（总数为38家）。尽管政府对这些非银行金融机构（NBFIs）的股权结构进行限制，但财阀总能通过

---

① 例如，在1998年以前，股东代表公司起诉某一董事（即所谓的派生诉讼）需要持有至少1%的股份；如果动议召开股东大会，审查会计帐目或公司财产，相应持股比率则至少为3%（Nam，1999）。

直接或间接的方式，控制这些非银行金融机构30%以上的股权，进而控制整个公司（Lee，et al.，2000）。

3. 董事会的角色

《OECD公司治理准则》第五部分特别强调，公众持股公司必须保证董事会对管理层的监督功能，董事会的主要职责就是有效地看守公司所有利益相关者的共同利益（OECD，1999）。韩国财阀显然并不符合这一要求。

（1）韩国法律关于董事会的规定。

在一个公众公司，董事会的首要目标是保护公司股东的公司财产。我们可以根据董事会的正式结构发现国与国之间的区别，比如双层董事（two tier board）和单层董事（one tier board）之分。但是，为股东保护公司财产这一主要目标在大多数国家却都是一样的，这一点同样适用于韩国。为了更深入地分析公司董事会的角色，法马和詹森（Fama and Jensen，1983）建立了一个已被广泛运用的模型来分析董事会决策过程。该模型认为，对于公众持股公司来说，一项重大决策的程序通常包括：①提出动议；②批准；③执行；④监督和奖惩。第一和第三项属于管理性决策，归经营者掌握；第二和第四项属于控制性决策，归所有者（董事会）掌握。要使这两类决策掌握者有效地各司其职，一个重要的前提是董事会必须相对独立于管理层。在美国的公司治理模型中，这一点是由从公司外部聘任董事而达到的，例如大股东代表。这里需要将两类公司董事区分开来：内部董事和外部董事，内部董事通常是那些公司的长期雇员，他们在自己的职业生涯中通过一步步的努力最终走上公司董事的位置，相反，外部董事则通常是由那些与公司内部管理层或大股东有特别关系的人所组成。

表5.10列出了韩国公司法关于公司董事会的一些主要法律规定。这些规定适用于所有的上市公司。从表中可以看出，韩国的公司董事是一种单层模型，形式上是一种典型的盎格鲁—撒克逊模型（比如与美国非常相似）。不过，在实际执行中韩国却显示了相当的不同。

表 5.10　董事会：韩国法律的规定

Ⅰ　总则

董事会成员由每三年一次的公司大会上选举产生。

Ⅱ　执行和非执行董事

董事会成员分为两类：执行董事和非执行董事。一个公司必须至少任命三个董事。

Ⅲ　职责

公司董事应该尽心竭力为股东和雇员的利益而努力工作，他们有义务维持适当的会计制度和内部控制系统。

执行董事有义务监督董事会和管理层的行为，非执行董事同意可以进行日常管理。

董事会成员不允许参与其他与本公司有竞争的公司或业务。

Ⅳ　董事会议

董事会议的频率和时间由公司细则规定。只要董事会成员的大多数在场，董事会议就可以举行。

Ⅴ　涉及财务公告的要求

公司在每一个财政年年末必须准备一系列的财务公告，同时，还必须附加一个得到董事会认可的报告来对这些公告进行说明。

资料来源：Asmus Komm（1999）："Control Structures in Korean Conglomerates"，working paper.

（2）韩国的董事会结构。

在韩国财阀中，通常并不具备一种有效决策控制所需要的独立性。因为这些财阀集团通常都被创始人家族所拥有或控制，董事会也受所有者的支配。通过任命董事会成员，财阀所有者得以能够避免董事会所应该实施的决策控制。韩国财阀的董事会与美国比较，有着实质性的差别。他们的主要特征可以概括如下：

- 几乎不存在外部董事
- 财阀董事会中家族成员的强有力介入
- 非家族董事主要是非独立性的经理雇员

事实上，直到东亚金融危机爆发前，在韩国财阀中典型的情况仍然是董事会仅仅由一些执行董事组成，而没有任何外部董事。董事会成员通常都由所有者—管理者任命，并直接对其负责。例如，在韩国证券交易所上市的前 20 家大公司中，只有 2 家公司和 4 家商业银行的外部董事占多数，与美国相比，这个数字显然是微不足道的。在美国《财富》的 1000 家公司中，平均每 3 个内部董事对应着 9 个外部懂事。在关于公司控制权的研究中，大多数美国文献都将董事会的构成按内部董事和外部懂事来划分。由于只存在着非常少的外部董事，这种划分对于韩国公司来说没有任何意义。相反，由于韩国财阀的典型特征是家族控制，表现在董事会结构方面，主要是家族成员占据了董事成员的很大比例，因此，按照所有者董事和雇佣董事来分析韩国财阀的董事会结构就显得更有意义。表 5.11 显示了韩国证券交易所上市公司董事会中家族参与的百分比。

表 5.11　董事会中的家族参与 *

董事会中家族 参与（%）	公司数量	相对频率（%）	累计频率（%）
0	38	25.5	25.5
0 ~ 9.9	39	26.2	51.7
10 ~ 19.9	29	19.4	71.1
20.0 ~ 29.9	18	12.1	83.2
30.0 ~ 39.9	9	6.1	89.3
40.0 ~ 49.9	9	6.1	95.4
50.0 ~ 59.9	6	3.9	99.3
> 60	1	0.7	100

注：＊1983 年 149 家上市工业公司的数据。

资料来源：Asmus Komm（1999）："Control Structures in Korean Conglomerates"，working paper.

该表显示，在韩国证券交易所上市的公司中，有超过 75% 的公司其所有者家族中的一个或多个成员同时也是公司董事会成员，平均来看其比例达到 1/3。雇佣的非家族董事通常也都是一些雇佣经理，他们以总经理、执行副总裁以及经理的身份主持企业的日常管理工作。由于这些董事成员的提升、报酬以及整个职业生涯都决定在控股股东及其家族成员手中，因此他们的激励自然是为控股股东的利益最大化，而非作为一个整体的股东的利益最大化服务。更为严重的是，外部小股东没有任何能力将那些不负责任的董事成员驱逐出去，因为根据法律规定，股东至少需要持有 5% 以上的股票才能提出替换董事的动议。表 5.12 显示，在选择董事成员的过程中，小股东的观点很难受到关注。不考虑企业的性质（即或者是所有者—管理者企业，或者是职业管理者企业），超过 75% 的企业承认他们几乎不考虑小股东的观点（Joh and Ryoo，2000）。

（3）财阀集团中董事会的作用。

虽然从理论和法律的角度看，韩国公司的董事会与美国相似，都有很多的重要目标。例如，董事会必须对选择高层管理队伍或对他们的业绩进行评估。

然而实际上，根据上述分析，他们的作用由于其构成而大大受到限制，也就是说，董事会作为一个独立的决策制定主体并不起作用。事实上确切地说，韩国财阀的董事会就是会长与公司董事成员交流其意愿的一个场所。

表 5.12　选择董事及审计师时小股东观点的被考虑程度

企业类型	一直	经常	有时	很少	从不
管理者—所有者	6.2	6.2	12.5	31.3	43.8
雇佣经理	2.9	5.7	14.3	40.0	37.1

资料来源：Jeon and Kong（1995）；转引自 Joh，Sung Wook and Sang Dai Ryoo（2000）："Evaluation of Changes in the Corporate Governance System of Korean Chaebols"，paper presented at the PAFTA conference 2000.

二、外部治理机制

拉波塔等人（La Porta et al.，1999）在分析公司治理体制与法律制度的关系时，通过实证得出结论：在那些法律制度对小股东权益保护较好的国家，股票市场通常比较发达和有价值，所有权也更为分散；相反，在对股东权益保护较弱的国家，股市相对较小，企业的所有权也更加集中。这就说明，不同的公司治理体制与各国法律的差异具有紧密的联系。同样，就公司治理体制本身而言，一个好的内部治理机制必定离不开一个有效的外部治理机制；反之，糟糕的内部治理机制也必然伴随着一个失败的外部治理机制。两者之间具有"战略互补性"的特点。①

1. 通过债权人（即金融机构）的控制

Khan（2001）在研究亚洲家族企业的公司治理问题时，开篇就提到，"在亚洲，银行作为企业主要的外部融资者，理所当然地被期待应该对债务企业实施有效的监督。但是，回顾过去，他们并没有做到这一点"。对于资产负债比率居东亚之首的韩国企业，情况毫不例外。

至少有两个方面的原因使得金融机构无法对企业实施有效的监督。首先，商业银行一直受到政府的控制，1980 年代以前银行属于国有而直接受制于政府管理，1980 年代以后，商业银行虽然名义上私有化了，但其高级管理人员

---

① "战略互补性"这一概念来自青木昌彦和奥野正宽（1996），简单说就是，构成某一经济体制的诸项制度之间具有相互补充的功能，某一制度为了能够持续下去，就必须与其他制度很好地契合。

必须由政府任命。因此，在所谓的"汉江奇迹"期间，银行一直扮演着"提款机"的角色，无论债务人的资产质量如何，也无论信用投资的前景如何，只要是政府的安排，银行都会不加选择地给予贷款。在这种金融制度下，银行一直没有发展起必要的信用评价技术、风险管理技术以及对受贷方的知情决策制度。

第二，财阀与非银行金融机构之间的关系导致问题更加恶化。根据 Lee 等人（2000）的研究，自 1980 年代金融自由化开始，非银行金融机构（NBFIs）逐渐代替商业银行，成为财阀的主要间接融资融道（表 5.13）。与银行独立于财阀不同的是，许多非金融机构都被财阀所控制，比如到 1988 年，最大的 30 家财阀拥有 12 家证券公司（全国总数为 25 家），18 家保险公司（总数为 35 家）和 18 家投资信托公司（总数为 38 家）。尽管政府对 NBFIs 的股权结构进行限制，但这些财阀总能通过直接或间接的方式，控制这些公司 30% 以上的股权，进而控制整个公司。财阀对这些机构的控制当然地使得债权人控制流于形式。

表 5.13　韩国的公司间接融资结构变化趋势　　　　　　单位：%

	1970	1975	1980	1985	1988	1990	1991	1992	1993
间接融资	39.7	27.7	36	56.2	27.4	40.9	42.8	36.3	32.8
从银行贷款	30.2	19.1	20.8	35.4	19.4	16.8	19.8	15.1	13.7
从 NBFIs 贷款	9.5	8.6	15.2	20.8	8	24.1	22.0	21.1	19.0

资料来源：根据 Lim（2001）的表 3 整理。

2. 公司控制市场（corporate control market）

在史莱夫和维什尼（Shleifer and Vishny，1997）的研究中，敌意收购（hostile takeover）被当作一个"大投资者"，用以保护投资者的利益。的确，在主要依靠股票市场保护投资者的美国和英国，收购和兼并作为一种重要的外部治理机制早已存在。但在韩国，法律限制以及家族通过横向持股形成的对企业集团的绝对控制，使得以收购和兼并为主要形式的公司控制市场处于极为落后的状态。在 1998 年以前，法律一直禁止敌意的收购与兼并，即使是善意的收购与兼并，也仅限于小企业。① 任何资产价值超过 2 万亿韩元的外国人对韩国企业的收购与兼并活动都必须得到政府批准。强制性的股权收购制度（ten-

---

① 1998 年 5 月，韩国政府取消了对收购与兼并的所有限制。

der offer）要求，投资者如果想购买一家企业25%以上的股权，就必须公开购买其股权的50%以上（Joh，2001a）。此外，一家企业如果想获得另外一家企业10%以上的股权，必须向政府提交购买目的报告；属于"战略产业"的公司以及土地公司不允许外国人收购；外国人收购韩国企业股权超过10%的必须经过该企业董事会的批准（Komm，1999）。

3. 政府控制

政府控制也是一种必要的外部治理机制。政府参与公司治理的主要手段是通过相关法律和法规——如公司法、会计和破产法——的制定和实施。法律制度决定了公司合同以外的大部分关系（Nestor and Thompson，1999），政府的责任就是通过法律法规的制定与实施，为公司治理在强制性法律和弹性之间取得平衡而提供最佳组合。

由于紧密的政企关系，韩国政府一直没能有效地履行其应有的外部治理职能。从政策的制定看，许多法律法规条款的制定不利于公司治理的改进，如冗长的破产程序，[1] 很高的小股东实施其股东权利的法律门槛，以及政府对企业兼并与合并的管制等。从政策的实施看，韩国政府的质量同样很低。以对股东权益的法律保护为例，对金融和非金融信息的强制性信息披露，对内部贸易的惩罚，以及对重要交易需要股东通过的强制性要求等，韩国都有明确的法律规定，[2] 但是，这些法律法规大多没有得到有效的执行。许多研究表明，模糊的信息披露以及猖獗的内部关联交易是导致财阀代理成本提高的重要原因（Nam et al.，1999；Bae et al.，2001）。

第四节　财阀的代理问题

正如前面所论述的，在标准的企业理论中，典型的代理成本主要与分散股权结构中的雇佣经理有关。这种代理结构典型地反映了美国企业的特点，但在日本企业中，主银行扮演了作为管理层的终极监督者的重要角色。韩国财阀的代理成本结构与美日模式都不相同。前已论述，韩国财阀的所有者及其家族仅仅拥有集团不到10%的股权，但却对集团拥有100%的控制权，因此，韩国财

---

① 参见 Sung Wook Joh（2001a）："Korean Corporate Governance and Firm Performance"，KDI Working Paper.

② 根据 Nam 等人（1999）的研究，在东亚国家和地区中，韩国法律对外部股东权益的法律保护是最好的。

阀的代理问题主要就与这种权利的不对等分配有关。在某种程度上，用"所有者"来称谓财阀其实并不合适，因为他们仅仅持有 10% 的股权，但将其视同委托—代理结构中的"委托人"也不完全准确。与此同时，这些所有者家族也不同于股权广为分散的企业中的职业经理层，因为他们通过个人股权及交叉持股方式，实际上完全控制了整个财阀，更为重要的是，与职业经理层相比，他们往往会采取更加注重企业长期绩效的发展战略。根据这些特点，韩国财阀比较符合白丘克等人（Bebchuk el atl.，1998）所分析的"控股少数股东"（CMS）结构。相应地，韩国财阀的代理问题主要表现为控股少数股东对大量外部股东利益的侵犯；同时，与韩国经济发展模式中的整个制度安排有关，财阀还表现出来另外一种代理问题，即控股股东对债权人权利的漠视。

一、对外部股东利益的侵犯

就股东的权利而言，韩国财阀的治理结构表现出的特点是对控制性在位经理（controlling incumbent management）具有一种超级保护，而广大小股东的权利却几乎被完全忽略。根据前面的分析，或者由于法律限制的原因，或者由于实施成本的原因，外部小股东以及机构投资者都无法在韩国财阀的公司治理过程中对管理层施加有效监督，这就使得所有者—控制者家族完全随意地行使决策权和利润分配权成为可能。我们可以从以下几个方面证明这一点。

1. 企业的无效率扩张

利用白丘克等人（Bebchuk el atl.，1998）的理论模型有助于我们解释财阀的无效率扩张问题。他们以投资项目选择为例，验证了在一个控股少数股东结构中，控股股东在何种状态下会选择没有效率的项目和没有利润的扩张。

假定一家企业要在这样两个投资项目中选择其一。项目 X 会产生一个总的价值 Vx（$= Sx + Bx$），其中现金流 Sx 归所有股东所得，Bx 则是源于控制权的私人收益，仅被控股股东所得；同样，项目 Y 会产生一个总的价值 Vy（$= Sy + By$），Sy、By 与 Sx、Bx 具有相同的含义。模型显示，当且仅当 α（$Vx - Bx$）$+ Bx > \alpha$（$Vy - By$）$+ By$ 或 $Vy - Vx < (1 - \alpha/\alpha) \Delta B$ 时，控股股东会选择项目 X，其中 $\Delta B = Bx - By$。这也就意味着，在上述两个会产生不同现金流和私人收益的投资项目中，随着控股少数股东现金流权益 α 的不断降低，控股股东会以更快递增的速度选择能够为自己带来私人收益的项目。例如，如果 α 等于 10%（这也是韩国最大 30 家财阀中家族控股股东的平均值），那么除非两个项目之间的总价值差超过 27%，否则控股股东会拒绝有效率的项目。

白丘克等人（Bebchuk el atl. , 1998）所给出的另一个模型显示，假定一个企业需要在扩张和收缩两种机会之间作出选择，随着控股少数股东股权 α 的下降，该企业选择无效率决定的可能性会提高。如果 $α（V - B）+ B > αP$，P 是资产的购买或销售价格，控股股东将会选择扩张（或者不收缩）。例如，如果等于 10%，除非获得一个超出企业资产价值 45% 的价格，否则控股股东会拒绝卖出资产，而且 α 越低，P 就必须越高。在这一模型中，控股股东通常具有强烈的扩大公司规模的倾向，获得私人收益的典型方式是企业集团的内部自我交易。

上述模型典型地反映了韩国财阀的成长方式。Joh（2001a）的研究显示，在过去 20 年的大部分年份里，韩国财阀的投资盈利率已经低于其借贷资本的机会成本（参见图 1.2），或者说，财阀随时都存在破产的可能。那么为什么在这种情况下财阀仍然敢于不计后果地大肆扩张呢？利用 Bebchuk 等的模型可以明确地揭示这一问题的实质：对整个集团来说属于无效率的扩张如果对控股少数股东是边际收益增加的，那么这种扩张仍会得到选择；并且，弱的公司治理以及对小股东法律权利的保护不足，进一步强化了控股股东利用企业扩张最大化个人利益而非企业利润的可能性。

2. 企业红利的随意分配

反映股东权利的一种方法是红利分配数量。Lee（1999）利用红利/利润之比与企业红利/股价之比这两种比率的国际比较分析了这一现象。从企业红利与净收入（利润）之比来看，韩国财阀只有 14 ~ 20%，美国与日本则为大约 40%。一般来说，在美国企业中分红比例与企业绩效是对称的，也就是说，利润越高，分红就越多；日本企业的情况有所不同，根据 Okumura（1984）的分析，日本企业的利润与分红之间是一种相反关系，主要是因为红利通常都被假定为是相对固定的。换句话说，当企业利润率较高的时候，较低的红利/利润比率就足以保证给股东一个固定数额的分红。这种情况大致反映了日本企业的特点，即持有股票的目的通常不是为了获得资本收益或红利，而是为了获得一种与股票持有相应的控制能力。与美日企业相比，韩国财阀的红利分配比例要低得多，且非常随意。分红比率低的一个重要原因是所有者—管理者试图逃避如果分红而产生的对其分红收入的巨额收入税；相反，他们通常采取从企业获得优惠贷款以及随意现金支付的方式取得补偿，因为在实践中，企业的公开收入与所有者的私人收入之间通常在界线上是很模糊的。

从反映股权收益的指标——企业红利与股价之比看，韩国财阀只有

1.5%，远远低于利息率 9 ~ 10%；相反在美国，该比率通常是利息率的 1.5 倍。这一结果使得韩国的股票投资非常缺乏吸引力，1990 年代股东人数的下降显示了这一趋势，1990 年韩国有 240 万股票投资者，1996 年，这一数字却下降为 146 万。

3. 内部收购过程中的财富转移

Bae 等人（2001）利用 1981 ~ 1997 年间在韩国股票交易所上市企业中的 87 起收购案例的数据，验证了财阀内部成员公司之间通过收购与兼并而导致的财富转移现象（tunneling）。通常，如果隶属于财阀的收购方成员公司在收购其他绩效较差的成员公司之前具有更好的绩效表现，那么收购结束后，其收益会下降；相反，被收购成员企业的收益却会上升。这说明，财富存在着从收购企业向被收购企业转移的情况。如果控股股东在前者的持股比例较小，而在后者较大，那么通过这种财富转移，他们事实上就侵犯了被收购企业外部小股东的利益。

二、对债权人权利的漠视

在韩国财阀，另一个严重的问题是所有者—管理者在与其债权人的关系中形成的一种代理成本。与美国企业相比，韩国、日本和德国的企业倾向于更多地依赖银行借款。在日本，银行不仅借钱给企业，而且还拥有企业的股票，银行与企业之间的关系被形容为一种"主银行"制度，其中每一家企业的主银行扮演的是一种监督者的角色。在德国企业中，银行也能够积极地对企业施加影响，主要是基于两点：一是他们自己持有公司股票；二是根据德国《公司法》，他们自动代理行使了小股东的投票权。韩国财阀的情况与美日企业都不相同。

那么，韩国的银行扮演了一种怎样的角色呢？大量的研究表明，在韩国 30 多年的经济发展中，银行部门一直扮演着一种非常重要但同时又处于附属地位的角色。说其重要，是因为它们为支撑韩国经济高速增长的财阀注入了大量的资金，但是，这些资金的注入又并非是出自于金融部门的独立行为，而是在政府的支配下被动完成的，在经济高速期间，它们起到的只是一种"取款机"的作用。无论企业何时需要，只要有政府的指令，银行都会将资金注入这些企业。1960 年代初朴正熙总统通过军事政变上台后不久，对商业银行实施了国有化，银行因此被置于政府尤其是财政部的控制之下，即使是 1980 年代初政府对金融领域采取了重大的自由化改革措施，政府对银行的有效控制仍然存在，这主要是因为，虽然对银行实施了私有化改革，但银行系统仍然必须在政府的控制之下开展业务，银行的领导和高级职员也仍然同以前一样由政府任命。因此，从产权变更的更广泛的意义上讲，非国有化只是意味着私有化，而不是银行运营的自由化。在这种情况下，银行的借贷标准就来自于政府的信号和命令，银行里的许多高级职位被原来财政部的官员所占有的事实也使得他们愿意与政府合作。因此，银行的贷款行为就必须符合国家的总体目标。在以出口主导为发展模式的经济高速增长时期，银行的首要贷款标准就是促进特定出口导向产业的发展，而贷款项目的盈利能力就成为第二位的目标。对于银行来说，它们根本就没有监督财阀的激励，因为所有的贷款都有来自于财阀内部成员公司之间的相互担保。此外，韩国的资本市场一直都是卖方市场，并且由于政府对国内市场的保护不会受到外资的竞争威胁。因此，银行对效率的寻求就显得不是那么强烈。

政府对银行对非金融企业的股权参与的管制也使得银行很难行使对财阀的有效监督。政府规定银行在非金融企业中的股权持有上限是 10%（最近变成15%），在这种情况下，银行主要的持股动机就不是管理控制权，而是为了获得资本收益（Lee, 1999）。更为严重的是，在 1998 年以前根据所谓的影子投票法规，法律禁止机构投资者对公司决策实施独立的投票权，而只能投票赞成管理层。银行不但无法享有债权人和股东的任何权利，而且在企业出现困境时，它们还必须承担大部分的金融负担。通常的情况是，如果企业陷入财务困境，银行就必须实施债务减免、债务重组（roll–over）或者提供更多的借贷，从而导致一种典型的软预算约束（Kornai, 1980）或道德风险。事实上，韩国政府的确实施了无数次的企业拯救行动，包括 1972 年的《经济稳定与增长总统紧急状态法》（通常称为"83 措施"），1980 年代初对大多数重化工业产业的重组，以及 1980 年代中期在海外建筑和造船产业中实施的"产业理性化措施"（industrial rationalization measures）。

银行难以对财阀实施有效控制的问题直接导致了财阀对其债权人权利的漠视。政府对银行的控制导致了贷款的软约束，并由此强化了财阀的道德风险。事实上，1972 年《8.3 紧急状态法》的实施为以后的政企关系开了一个恶劣的先例，[①] 即政府会在任何必要的时候采取超常规措施解救受到债务困扰的企

---

① 关于《8.3 经济状态法》以及由此而加强的政企风险伙伴关系对韩国经济及财阀行为的影响的分析，可以参见 Lim（2000；2001）。

业，而将损失转嫁到债权人和普通居民身上。1980 年代以后，虽然政府名义上对财阀减少了直接的优惠贷款，但隐性担保却一直存在着。例如在 1985 年，由于特殊的原因全斗焕政府迫使国际集团破产，但这不过是一个极端的个案而已，因为此后不久，社会上传出了其他财阀也将接连破产的谣言，为了避免由此造成社会恐慌，政府在接下来的两年为那些被债务所累的财阀提供了大量的援助性贷款。

意识到政府的上述困境和银行所处的被动地位，财阀的最佳选择自然就是依靠贷款实施更大规模的扩张。因为企业变得越大，所谓的"大马不死"的"人质"效应就会越显著，企业从而也越安全。在这种环境中，企业扩张的收益全部被企业及控股股东掌握，而成本却可以部分甚至全部转嫁给债权人，因此可以预期，企业所有者—管理者必然会采取高风险的机会主义投资行为。财阀常常利用借贷资本进行房地产的炒作典型地反映了这一现象。与投资的高风险相对应的是，财阀并未进行必要的风险管理，因为他们并不相信如果他们的投资失败，银行会让他们立即归还贷款，甚至迫使其破产；相反他们坚信，一旦集团陷入困境，在政府的干预下，银行会降低乃至勾销他们的偿债负担。最终，控股股东的投机行为在降低本企业的赢利能力的同时，也使债权银行深受其害。

第六章

财阀与政府：关系治理下的风险伙伴关系

第一节　产业政策、企业创新与政府角色

一、政府——创新的倡导者

波特曾经指出，一国兴衰的根本在于是否能在国际市场竞争中取得优势地位，而国家竞争优势的取得关键又在于国家能否使主导产业具有优势、企业具有合宜的创新机制和充分的创新能力。[①] 一国国际竞争力可以从国民经济、产业和企业的广义和狭义两个层面的角度来理解，广义的国际竞争力指的是不降低本国国民的一般生活水平的同时提高国际市场占有率的能力，其具体指标包括 GDP、国际收支、产业生产率以及物价水平等等。企业层面的国际竞争力则是指价格竞争力、质量竞争力以及其他非价格的综合竞争力，其指标一般是衡量企业盈利能力的如成本水平、产品质量、品牌知名度以及其他反映企业管理水平的诸如营销、物流、财务管理等方面的竞争力。[②]

波特在其提出的"钻石理论"[③] 中认为，一国的生产要素可分为基本要素（basic factors）和高等要素（advanced factors），基本要素包括自然资源、地理位置、气候、非熟练劳动力、债务资本等要素，高等要素包括现代化电信网络、高科技人才、高精尖端技术等，其中高等要素对于国家竞争优势的形成更为重要。尽管基本要素的优越禀赋给国家赋予比较优势，[④] 但在特定的条件

---

① ［美］迈克尔·波特：《竞争战略》，华夏出版社，1997 年版。转引自赵春明主编：《国际贸易学》，石油工业出版社，2003 年版，第 78 页。

② ［韩］李汉久："高成本 – 低效率结构下的企业技术经营战略"，《韩国科学技术政策动向》，韩国科学技术政策管理研究所，1996 年第 12 期，第 51 页。

③ Michel. E. Porter (1990)："The Competitive Advantage of Nations", Harvard Business Review, March – April, p72.

④ Joe Tidd, John Bessant, Keith Pavitt (1997)：Managing Innovation：Integrating Technological, Market and Organizational Change, John Wiley & Sons, p82.

下，一国某些基本要素的劣势反而可能刺激创新活动,[1] 使企业面对可见的瓶颈和明显的威胁，为提高自身的竞争地位而奋发努力，最终使国家在高等要素上更具竞争力，从而创造出动态竞争优势，其中企业要面对相对有利的市场需求，国家政策和相关产业也是这种转化必备的条件之一。政府应当在经济发展中起到催化和激发企业的创新能力的作用，政府政策及其实施成功的关键在于为企业创造一个宽松、公平的竞争环境。

目前有关创新的认识从以往的"以新的生产工艺和新产品的生产为标志的技术现象"逐步转变到"经济的指向性导致的技术的社会化过程"。[2] 相应地，技术创新可分为狭义和广义的两种概念，狭义的概念认为，技术创新是把新产品或新工艺首次引入到市场或社会可利用状态的行为，如曼斯菲尔德（Mansfield，1968）认为技术创新是发明的第一次实用；Sahal（1981）认为技术创新是发明的第一次实际的或商业的利用。广义的概念认为，技术创新是技术在被发明之后运用在生产并改进和利用的全过程，是一种思维方式在产业活动过程中被改进或以崭新的面貌转化为可销售的产品化的现象，如弗里曼（Freeman，1982）认为技术创新是与新产品、新工艺及其相关系统机制的初次商业化实用有关的一系列过程。

技术创新过程是在社会的不确定性中技术与市场需求相结合的过程，这两者的结合则依赖于创新企业。同时，社会、经济环境与国家的诸多政策制度又构成技术创新的选择环境，并影响着技术创新的方向和速度。随着技术发展的加速化和国际竞争愈来愈激烈，不论在发达国家还是在落后的国家，国家的技术政策越来越受到政府的关注。不同国家所采取的诸多技术政策可以从技术的需求和供给两个方面来归纳，其中需求方面包括产业结构、国际贸易环境和国内外市场状况；供给方面包括研究与开发（R&D）、知识与技术人力资源、市场信息与经营能力、资金来源、促进 R&D 的政治经济环境等，其中国家的政治经济环境和产业结构以及国际贸易环境又可以构成技术政策的环境层面。因此，政府对创新过程的介入首先要为企业提供技术的可行性方向并努力提高企

---

[1] 创新（innovation）和技术创新（technological innovation）在严格意义上是有区别的，其中技术创新一般指技术商业化的经济现象（在这个意义上技术创新和科学发明、科学发现是截然不同的概念，比如早在 1887 年被发现的电磁波原理是伟大的技术发现，但直到 1922 年被产业化应用之前不能被认为是技术创新），而创新概念不仅包括技术的层面，还包括新的思维影响社会、经济、政治和文化等诸方面的现象，但一般把两者概念混用。

[2] OECD（1992）：Technology and the Economy：The Key Relationships，Paris：OECD，p24.

业的创新潜能，同时创造和改善能够促进企业技术创新的社会、政治、经济环境和制度。

二、产业政策与韩国财阀的模仿型学习

卡文（Garvin，1993）强调，企业组织是一个具有生命力的开放系统，如同人类和其他高等动物一样为了适应不断变化的生存环境，组织会自发地依赖信息的反馈通过经验的积累来不断地学习，即企业组织亦从事着观察、认知、预测和解决所面临问题的复杂的精神活动，这种观点称为组织学习理论（organizational learning theory）。学习概念受到重视的一个重要的理由是因为学习和变化之间存在着辩证关系，即现实的不断变化要求处在其中的各个参与主体要加紧学习活动，同时在学习中领先的主体（个人或组织）又可以引导环境的变化和其他主体的行为，因而可以创造出对自己相对有利的选择性环境（selection environment）。① 在这种环境中，引起变化的主要原因是激烈的竞争，因此为了适应迅速的变化和在激烈竞争中免遭淘汰，企业要改善组织和人力资源并不断强化学习过程。Lall（1980）在分析发展中国家的技术发展过程时首次运用了学习概念。Kim（1997）在其《模仿到创新——韩国技术学习的动力》一书中主张，多年来韩国政府为了促进产业的技术学习，采取了一系列的政策措施，由此加强了在国际上的竞争能力。②

1960 年代通过军事政变上台的朴正熙政府形成了强有力的高度中央集权型政府来制定和推行经济发展计划，在经济发展计划的推行过程中，强有力的政府负责全部的责任，与比韩国更早施行经济发展计划的中国台湾、印度的政府"指导性计划"相比，韩国的经济发展计划更具有严格的"指令性"特点。直至 1980 年代以前，韩国的经济体制仍是一种在承认企业的私有制的基础上强调企业由政府和企业所有者共同经营的"威权资本主义"（authoritarian capitalism）。Lee 等人（1988）总结了发展中国家和地区的技术发展类型的特点（见表 6.1），指出韩国的发展体制可归结为政府主导的模仿学习型。

为了保证政府对经济的完全控制，1961 年韩国政府首先设立有权统领所

---

① Nelson R. and S. Winter（1977）：In Search of Useful Theory of Innovation，*Research Policy*，Vol. 6.

② Linsu Kim（1997）：*Imitation to Innovation*：The Dynamics of Korea's Technological Learning，Boston：Harvard Business School Press，p21~22.

有经济部门的经济企划院（1994 年 12 月与财务部合并，称财政经济院），由副总理直接负责，其次是修改《韩国银行法》，并没收民间持有的商业银行的股份从而实现了商业银行的国有化。在产业政策方面，政府确定主要产业和投资目标，为实现此目标，政府调动了财政和金融所有方面的支持。[①] 因为政府完全控制银行系统并进行严格的管制，所以尽管除了韩国政府规定的铁路、电信和其他公共部门之外的所有企业已经实现了民间所有和民营化经营，但这些企业的投融资、外资的使用等仍受制于政府的调配。

鉴于韩国国内市场窄小、企业生产规模小、技术落后、失业率高且潜在失业率更高的状况，从 1964 年起韩国政府的产业政策由进口替代型转向出口导向型的经济振兴方向。后来的实践证明，当时继续推行进口替代型经济政策而使得产业技术上属于技术附属型的南美诸国均未有取得客观的成就。为了利用初期的工业化战略所能依托的国外先进成熟的技术，韩国政府有意识的创建和扶植大型企业——财阀，这些企业被认为是可以胜任国家制订的战略工业要求，实现规模经营，创造出口从而为经济发展带来动力的最佳选择。

表 6.1 发展中国家和地区的技术发展类型

技术发展类型	模仿学习型	自主开发型	技术附属型	自由放任型
相关国家和地区	韩国 中国台湾 日本（1960 年代）	印度 中国	南美洲 中国香港 新加坡	泰国 马来西亚 天然资源丰富的发展中国家
主要技术取得方式	模仿	自主开发	合作	无特定方式
技术提高的重点	消化所取得技术学习	自主技术能力的积累	逐渐提高技术能力及技术自立	无特定方针
开发动机	进口替代，增加出口旺盛的学习欲望	满足本国需求独立自主民族性	利用外国技术	无

---

① 这种方法是在二战后的日本广泛运用的政策，称为产业目标制（industrial targeting），将产业目标分为国家主干产业、社会主要间接资本目标和民间部门目标两方面，其中前者的投资资金筹措依赖政府的财政投融资和政策融资，而后者的投资资金融则完全依赖价格机制的作用来实现。在韩国，这种政策一直延续贯到 1970 年代的重化工业培育政策时期，直到 1980 年代推行经济稳定化、自律化、开放化政策时才开始有了变化。这种政策尽管起到了重大的作用，但政府和官员直接干预和操控银行系统的做法也导致政经勾结和官员腐败的滋生，在韩国称之为"官治金融"。如今官治金融依然作为阻害韩国经济的效率和公平的主要因素而受到韩国经济界的批判。

续表

技术发展类型	模仿学习型	自主开发型	技术附属型	自由放任型
政府的作用	限制进口活跃的产业政策及政府参与	激发基础研究及应用研究	官僚主义产业规制	自由放任
面临问题	原材料及核心技术缺乏	初期发展缓慢	高级人才流出对外依赖性严重	无竞争力

注：最近中国和印度也努力运用外国技术

资料来源：Lee, J. Z. Bae, Z. T. and D. K. Choi（1988），Technology development processes：a model for a developing country with a global perspective，*R&D Management*，18（3），pp235～250.

为此，政府鼓励财阀经营的纵向发展和横向多元化扩张，因而在韩国高度集中的经济体制下，政府为财阀筹措资本促进财阀的经营多元化，给财阀提供当时匮乏的外汇并提供优惠财政支援，政府还向财阀提供替代进口的大型项目和外汇担保，通过增加低息贷款来补偿政府容忍的一定程度的通货膨胀造成的负担（据韩国银行历年统计数据来看，在 1960 年代中期和 1970 年代末期，受政府控制的银行部门提供给财阀的贷款的名义利率实际上低于当时的通货膨胀率，也就是说财阀享用了实际负利率贷款）。其结果，韩国的全要素生产率（TFP）和产出比其他任何国家都增长迅速，[①] 有关韩国制造业生产率和 TFP 贡献度见表 6.2 和表 6.3。

表 6.2　韩国制造业生产率的文献研究

研究论文	研究期间（年）	经济增长率（%）	TFP 增长率（%）	TFP 贡献度（%）
Dollar – Sokolof（1986）	1963～1979	21.9	6.1	27.85
世界银行（1993）	1968～1988	19.2	8.8	45.81
Park – Kwon（1995）	1967～1989	18.0	1.6	8.87
Kim – Hong（1992）	1967～1988	18.0	1.9	10.76

资料来源：《海外技术研究所报告》，1995 年 11 月，日本进出口银行。

---

① Linsu Kim（1997）：*Imitation to Innovation：The Dynamics of Korea's Technological Learning*，Boston：Harvard Business School Press，p28.

表 6.3　韩国 TFP 增长率与贡献度　　　　　　　　单位：%

	1967 年 ~ 1977 年			1977 年 ~ 1988 年		
	TFP 增长率	经济增长率	TFP 贡献度	TFP 增长率	经济增长率	TFP 贡献度
整个制造业	3.42	23.63	14.47	0.61	13.17	4.63
轻工业	3.31	20.98	15.78	0.58	10.38	5.59
重化工业	3.57	27.51	12.98	0.64	15.55	4.12

资料来源：《海外技术研究所报告》，1995 年 11 月，日本进出口银行。

在推行促进出口政策的同时，韩国政府还采取了限制进口政策。尽管还间歇性地采取了一些进口自由化政策，但其自由化的对象仅仅是出口产业和进口替代产业中所需的装备和原材料，而并不是外国的最终产成品。1960 ~ 1970年代韩国政府的贸易政策和产业培育政策具有浓厚的重商主义色彩。这些都很好地保护了韩国的国内产业并促使财阀企业迅速实现财富的积累，取得了继续学习的资本。而韩国限制国外直接投资的同时却积极引进外资的政策，不仅避免了国内产业被国际跨国企业的控制，而且很好地保障了政府确定目标产业时的选择的主动性，还创造了财阀企业取得国外先进技术、消化吸收和改进、创新等技术学习全过程的自主性环境。

在税制方面，韩国政府对财阀给予了很大的优惠。尽管到了 1970 年代韩国经济已实现快速增长、企业利润迅速增长，但税收中直接税的比重反而从1971 年的 43.4% 下降到 1980 年的 36.7%，1979 年直接税的减免比率达到34.3%，而直接税中重要的企业法人税比重也从 1970 年的 14.9% 下降到 1980年的 13.2%。[1] 在税制减免中最大的获益者是从事重化工业、出口产业和海外建筑业的诸多财阀，这些财阀的实际税负仅相当于中小企业的一半水平。不仅如此，仅为 5% 资本所得税远低于劳动所得的实际税负，这些都减弱了税收的收入再分配机能，造成了收入分配不公和贫富差距扩大的后果，也埋下了国民对财阀企业的不满情绪。

扩大出口成为了此时韩国政府的首要政策，政府有意识地创建和扶植财阀，督促财阀去适应技术上的挑战并以此作为继续援助的依据，比如向主要企业——财阀制定出口指标并核实其完成情况，总统亲自主持月例出口振兴会议，表彰完成企业的同时惩戒落后企业，这些措施给了财阀很大的压力，迫使

---

[1]　韩国内务部：《1981 年税制改编》，1981 年 9 月。

他们为实现出口指标全力以赴加速技术学习，这些措施在韩国被形象地称之为"胡萝卜加鞭子"。

韩国政府1980年代以前的产业政策尽管现在看来并不具有可仿效性而且有些政策甚至是违背市场经济规律的。但可以肯定的是，在当时资源匮乏、技术落后、资本短缺等国内环境和发达国家技术出口门槛低、国际贸易环境相对宽松等国际环境的背景之下，这种"胡萝卜加鞭子"的政策还是行之有效地引导和督促了财阀企业积极引进、消化吸收和改进国外先进技术，从而通过财阀企业学习过程来实现了国家的产业从模仿到创新的转变。

到了1980年代，韩国面临的国内外经济环境有了新的变化，第二次石油危机加深了全球性的经济不景气，低增长和滞胀使得西方发达国家纷纷采取贸易保护主义政策。出口的不振导致韩国国内经济增长失去动力，石油进口增加导致国际收支恶化，同时伴随着严重的通货膨胀，以往高速发展中累积的结构性问题开始暴露出来，1980年韩国经济遭遇了发展史上首次的负增长。① 在这种情况下，为了提高国内产业竞争力、合理分配资源和积极应对国际贸易环境的变化，韩国政府开始实行推行经济"稳定化、自律化、开放化"政策，引入市场竞争机制，施行进口自由化、金融自律化、企业经营自律化，并促进技术引进和国外直接投资。

作为制度保障，韩国政府于1980年11月颁布限制垄断及公平交易法（1986年补充修订），开始谋求财阀与中小企业均衡发展的模式。1986年通过新的产业促进法，修改以往的目标产业制和支援特定个别财阀企业的政策，把所有的奖励措施同特定产业活动如研究与开发（R&D）和人力资源开发联系起来。同时政府鼓励"产学研"组成协作系统（cooperative system）合作进行技术创新，这种努力一直延续至今，反映在诸如金融危机后财阀企业的结构调整过程、改善高成本—低效率产业结构等方面。

第二节　关系治理与政企风险伙伴关系

韩国政府所实施的产业政策无疑为财阀的迅速崛起创造了良好的契机，政企关系的这种格局很容易让人们得出结论，认为韩国的政企关系是一种典型的

---

① 姜镐珍："摸索转型与分歧的暴露：1980年代的韩国经济"，《韩国经济的历史回顾》，韩国开发研究院，1991年，第261页。

单向的政府主导型。事实上，这的确是目前学术界的一致看法。但一些对韩国经济赶超史展开深入研究的学者对此观点提出了挑战，根据他们的研究，韩国政府与财阀之间并非一直是简单的控制与被控制关系，而是随着时间和条件的改变而在不断变化（比如 Yoo，1997；Kang，1996；2000）。刘洪钟（Liu，2002）用关系治理的分析框架对此进行了深入分析。

一、关系治理与法制治理

在一个社会的经济活动中，最重要的制度之一是对经济实体之间的交易实施治理和监管的制度。治理的方式有两类：一类是关系治理（relation - based governance），一类是法治治理（rule - based governance）。所谓关系治理，有两层含义：一是市场交易以关系为本，即交易的发生和执行主要取决于交易双方不透明的私下契约，而非正式的、可以通过法律程序实施的合约；二是政府的经济监管模式以关系而非法律为基础，通常是在与企业重复的讨价还价过程中，依据双方的关系形式以及租金瓜分能力而选择的一种具有政企合谋性质的管理行为。相反，法治治理是指市场交易的发生和执行主要取决于公开的、正式的、可以由法庭作为第三方予以实施的合约；同时，政府的经济监管主要以法律为基础，政策的制定严格按照民主的程序依法作出，执行过程也会受到密切的监督。

关系治理与法治治理的区别主要表现在两个方面：

第一，对法律约束的依赖程度不同。关系治理可以在一个法治不健全、合约经常得不到完全实施的国家存在，因为通常来说，关系治理都是自我实施的，合约各方为了使相互之间的交易在未来能够稳定地持续下去，或者为了给其他潜在的合作伙伴建立一个良好的声誉，一般都会以名誉为担保自觉地执行合同的内容。如果某一方采取损人利己的投机行为，一旦被对方发现，将会遭到以牙还牙（tit - for - tat）的战略性报复，进而在社会上树立一个没有诚信的坏名声，并失去其他潜在的合作伙伴。法治治理则不同，对完善的法治制度的依赖是这一治理正常实施的必要前提，合约必须能够被第三方所观察得到，由于合约很难穷尽所有的细节，因而利用法律和法庭保护合约的实施是非常必要的。

第二，信息或治理透明性的重要程度不同。关系治理的一大特点就是信息的隐蔽性。由于交易双方所依赖的关系是他们专用的，为了保护这种专用性，交易双方都会尽量把他们的关系信息隐蔽起来，不被竞争者所利用，否则他们的关系就不能保证稳定和长久。而在法治治理中，信息必须是可以为第三方所证实的，为交易双方所用的信息也必须能由法庭掌握，以此对合约的实施进行保护。就象富兰克林·罗斯福比喻的，"阳光是最好的杀菌剂，电灯则是最有效的警察"。

关系治理与法治治理会因不同的交易成本而给一国经济带来不同的影响。根据新制度经济学，较低的交易成本支持经济的良好运转和增长。交易成本越高，经济增长可能就会越慢。① 交易成本——交易双方制定、监督与实施合约的成本——的大小受整个制度环境的影响。在许多学者看来，以家族裙带关系、私人关系和非正式网络为基础的关系治理通常会提高交易成本，降低效率，扭曲经济激励，因而不利于经济增长。但这种观点显然忽视了各国制度条件的不同。实际上，在一个法律、政治和经济制度都很脆弱的国家，由于有关市场机会的信息极为稀缺且难以获得，投资缺乏保障，关系治理往往可以起到降低交易成本的效果。Li（2000）和 Kang（2001）从交易成本的角度，Rajan and Zingales（1998）从投资机会与合约可执行性相容性的角度都证明并得出了这一结论。

根据 Li（2000）的研究，在市场规模尚小、参与者很少的情况下，关系治理相对于法治治理更有优势，他认为，此时关系治理的平均交易成本要比法治治理低得多。原因在于，在一个社会中，对建立"关系"网的法律基础设施的要求并不高，只需要社会具备最低限度的公共秩序，因此构建关系治理制度结构的固定成本就很低廉。相反，在一个以法治治理为主的社会里，法律基础设施的建立通常需要很高的固定成本，包括起草、解释和执行各种法律条款和条文，培训法庭和律师人员，以及建立司法、行政、立法的各权力机关的成本等等。

不过，Li（2000）和 Rajan and Zingales（1998）的研究同时也说明，关系治理的这种优势会随着经济规模的扩大而不断减小。Li（2000）认为，关系治理制度的构建在只需要很低廉的固定成本的同时，却包含了昂贵的边际成本，也就是说，随着市场规模的扩大，关系治理所需要的交易成本会不断提高；相反，在支付了公共的固定成本以后，法治社会所实施的每一单合约的边际成本却很低，因为近乎标准化的合约很容易在这些法律制度下实施。这样，随着经济规模和市场交易范围的逐渐扩大，关系治理和法治治理所需要的交易成本就

---

① 参见奥利弗·E·威廉姆森：《资本主义经济制度》，商务印书馆2004年版。

呈相反的方向而运行，最终会在某一点相交，在此之后，关系治理会逐渐失去优势，变成经济进一步发展的障碍。

二、韩国政企关系治理的基本特征

在一般意义上，关系治理和法治治理的内涵可以包括所有经济主体之间的交易和关系方式。不过在本章，我们仅从韩国政府与财阀之间的关系的角度来理解上述两种治理模式。

韩国经济极权的形成很大程度上应归因于政府。在那些政府重视的战略性产业领域，政府要求企业技术实力强、资本充足、人才精干、组织合理，在这种情况下，财阀与其他企业相比自然更受政府青睐，它们所享受到的由税收、信贷、贸易政策带来的好处也自认更多。换句话说，财阀集团通过多元化所取得的不断壮大，一方面归因于其自身的企业能力方面的优势，另一方面更得益于韩国政府奉行经济增长第一位的政策。

既然许多财阀把它们的成功统统归功于政府，那就说明政府与企业维持密切的关系是不可避免的。例如，财阀如果想获得对其成功至关重要的基本利益，最重要的就是与政府保持密切的联系。这些利益包括：战后重建时期（朝鲜战争结束～1950年代末）国外援助和拨款分配方面的优惠待遇；发展时期（1960年代～1970年代初）获得贷款方面的优惠待遇；税收和融资方面的优惠待遇等。此外，自1960年代早期以来，政府控制了银行系统，这使得将财阀纳入政府想要发展的产业领域成为可能。因此，财阀如果想要进入这些政府作为开拓目标的领域，就不得不与政府保持密切联系，除此之外，别无选择。

韩国这种密切的政企关系经常被称为"韩国公司"（Kang，1996）。然而，"韩国公司"与"日本公司"之间有着明显的区别。"日本公司"暗含着一种政企伙伴关系，即政府决策是建立在众商家协商基础之上的。"韩国公司"则有所不同。在韩国，企业家们或多或少要遵循政府制定的政策。在这层意义上，韩国其实是一种自由企业和国家管理的混合体。还有的学者把韩国的政企关系描述为一种"准内部组织"（Lee，1992）。在这一组织中，政府是上级，企业是下级。为了加强双方的信息交换，在政府与企业之间建立了诸如"协商委员会"、"讨论组"等准政府组织，政府把各种行业协会作为与实业界的联系渠道，并向他们提供一些特殊优惠，如在成员企业之间分配配额。此外，政府还利用各种不同的措施如审计目标企业的财务帐户来控制大财阀的经营方向。

　　在各种措施中，对信贷的控制和使用恐怕是政府控制财阀最强大的武器。无论是在银行国有化时期，还是1980年代以后的私有化时期，政府都能够对信用分配加以控制，从而控制财阀在资源配置上的决策，进一步，也就决定了其扩张的能力和产业发展的形式。因此，在许多情况下，政府与财阀之间的关系是通过银行这一中介形成的，以至于很多学者在分析韩国经济问题时，会将注意力集中在政府、银行与财阀三者的关系上，称之为称作"魔鬼三角"。实际上，在这三者中，银行只是出于一种附属地位，它们很难独立地对财阀的融资及经营产生影响。因此我们主要分析韩国政府与财阀之间的关系治理。

　　韩国政府与大财阀之间何以会形成这样一种关系治理结构，原因在于双方相互需要，谁也离不开谁。无论是工业化早期的政府主导，还是1980年代以后的"共栖"（symbiosis），[1] 双方始终处于相同的风险世界中，因而形成了一种战略性的风险伙伴关系。政府作为整个国家经济的"引路人"，根据国内外经济形势的变化，制定动态的五年发展计划和产业政策，以此推动经济发展，实现赶超战略。为了集中有限的资源实现其制定的战略目标，政府采取了挑选"代理人"——大财阀的方式，并对其投资、生产和出口活动施以广泛的影响，如对那些执行政府计划的私人部门提供各种激励和补贴，以此约束财阀的活动符合政府的战略目标。从财阀的角度讲，他们也很快发现，按照政府的要求去做并与政府保持良好的合作关系，是一种最佳的选择，因为这样可以使他们极其廉价地得到政府通过银行为其提供的贷款，以及各种各样显性或隐性的补贴，从而迅速扩大企业规模。

　　韩国政府与财阀之间的这种风险伙伴关系一直持续到1997年的经济危机爆发，期间虽然政府对财阀的政策也经历了多次管制与放松管制的变化，但双方相互依赖的"共栖"关系一直存在着。于是，这样一种关系产生了两个引起人们广泛争议的结果：政府的主导和财阀的"大马不死"。

三、1960～1970年代政企风险伙伴关系的形成与强化

　　正如第二章所述，韩国在1960年代中期（并贯穿于整个70年代）形成

---

　　① 关于这一点，在学者之间也存在着不同的看法，Kim（1988）和Kang（1996）等人认为，在朴正熙时代，政府与大财阀之间的关系完全是一种"政府—领导者，企业—跟随者"的控制与依从关系，只是到了全斗焕时代，双方的关系才开始逐渐演化为"共栖"关系；而Yoo & Lee（1997）则认为，双方的"共栖"关系早已存在，只是方式和程度不同而已。

了极权—强政府体制。通过不流血军事革命上台的朴正熙将军认为，为了建立一个巩固的政权并击败北方的共产党政权，惟有建设一个繁荣的国家，为此，必须把国家的所有能量都投入到经济现代化的建设中，并由国家担负起领导责任。其他的政策问题，包括政治自由化，则被放到次要地位。因此，包括建立经济企划院，对商业银行实行国有化，以及出口主导的扩张政策等一系列方案陆续出台。1970年代，在继续坚持出口导向的基础上，政府从1973年开始实施重化工业发展战略，并通过扶植少数大财阀以快速实现这一战略目标。在政府的扶植下，这些家族式大企业或财阀迅速扩大规模并提高了在GDP中的份额。从政策支持面来看，对重化工业的政策性贷款占全部国内信用的比重，1973～1981年达到了40.8%，1982～1986年为30.9%；相应地，前十大企业在GDP中的份额也从1973年的5.1%提高到1981年的20.4%，增长了四倍。

在政府主导的这种经济发展过程中，政府与实业界（主要是财阀）之间形成了一种以关系治理为基础的风险伙伴关系。从下面的一系列事件和政府政策中我们可以看到这种关系的建立过程。

1. 《非法敛财法》的实施与变化

到1960年初期，韩国民众深受李承晚政府体制之苦，主要原因是政治上的腐败以及由于一小撮与政治官员有紧密联系的财阀对国家财富的极度聚敛而导致的经济停滞。朴正熙政府上台后，于1961年5月28日颁布实施《非法敛财法》，逮捕了大量著名的财阀领导人及其他一些公司领导人，并强迫他们退还所有不公平的和以非法方式获得的利润。但是，不久政府就发现，这些企业领导人实际上是韩国未来经济发展惟一可以依靠的资源，直接的惩罚将会严重削弱经济增长的潜力。于是，朴正熙政府马上改变政策，与这些领导人达成妥协，政府将其对财阀的罚款减少90%，这些财阀则被要求与政府合作，按照政府要求建立战略性企业。这样，作为一个私人企业极度缺乏自有资金的后发国家，政府与企业之间很容易就形成了一种"政府—领导者，企业—跟随者"的控制与依从关系。[①]

2. 1960年代的投资许可证和信用分配制度

在经济快速增长和政府广泛干预的时期，在政府影响财阀的各项措施中，最重要的是投资许可证和信用分配制度。这两种措施经常是紧密相关的，例

---

① 其他的说法还包括"准内部组织"（Kang, 1996；Lee, 1992），"政府主导的内部人体制"（Chang & Park, 1999），委托—代理关系（Kang, 1996）等。

如，已经在某一领域获得了政府的投资许可证的企业，往往也更加容易获得政府的信用分配。同样，一个在国外贷款中已经获得一定配额的申请者，往往也能轻易地获得政府颁发的投资许可证。

投资许可证和信用分配制度显然对大财阀更加有利。以获得投资许可证为例，从政府的角度讲，将有限的资源集中到少数大财阀手中，能够更好地实现规模经济，并且还有其他两方面的优点：一是政府的控制能够更加有效和富于弹性；二是大规模的现代化企业能被视为新政府成功的政治象征（Kang，1996）。从企业的角度讲，获得投资许可证需要具备两个条件：一是符合特定投资要求的自身条件；二是企业是否具有接近决策者的能力。因为所谓的客观条件由于评估的难度实际上很难做到完全客观，因此，能否接近决策者并与他们建立良好的个人关系就成了一个相当重要的条件。在这方面，大财阀相对于中小企业显然具有更大的优势，因此，更多地是大财阀获得投资许可证就不难理解了。

3. 1972 年的《紧急状态法》

政企之间以关系治理为基础的风险伙伴关系推动了 1960 年代后期高速的经济增长和资本积累。依靠政府的担保，韩国企业大肆举借内债、外债，负债/净资产比率从 1965 年的 92.7% 急速上升至 1970 年的 328.4%，与企业高杠杆比率同步的是投资的迅速膨胀，特别是在 1968 年和 1969 年，投资增长率每年近 50%，国内信用扩张在 60% 以上。不计后果的投资热导致许多企业无法履行债务偿还义务而成为"不健康企业"。[①] 1970 年代初全球性的经济减速使情况变得更加糟糕，结果到 1971 年底，数百家企业已经不能履行还债要求，整个高杠杆公司部门处于崩溃边缘。韩国面临一场制度性的危机。

在这种情况下，实业界领导人敦促政府采取超常措施。1972 年 6 月，在与韩国产业联盟——由一些著名的企业家组成——的领导人举行双边会谈以后，朴正熙政府决定拯救受债务困扰的公司部门。1972 年 8 月 3 日，朴正熙总统签发了《经济稳定与增长总统紧急状态法》，通常称为"83 措施"。《紧急状态法》要求立即暂停向场外交易贷款者支付公司债，要求在降息的同时大规模重新安排银行贷款。暂停支付持续三年，三年后，所有的场外交易基金

---

① 在韩国，"不健康企业"是指那些在不具备偿付能力的情况下继续亏损经营，靠政府为他们继续注入救济性贷款而生存的企业。特别是当这些企业是大型企业时，政府便采取诸如紧急"救援"贷款措施以避免那些伴随破产而来的大规模解雇职工的情况。

都必须转成五年期贷款，最高利率为 16.2%，而当时的市场利率普遍超过 40%。① 而且，近 30% 的商业银行对企业的短期高息贷款都按降息条件转成长期贷款。债务重组最后由中央银行支持，中央银行接受商业银行发行的特别债券。这些措施把公司部门的巨大负担转移到场外交易贷款人和普通居民身上，后者实际上承担了通胀税。

"8.3 措施"迫使场外交易贷款人和普通居民共同分担损失，但未伤及企业的所有者和经营者。而且，没有任何政府官员对导致 1972 年危机的 1960 年代后期的宏观经济管理失误承担责任。因此，政府与实业界风险伙伴关系的主要参与者都逃脱了惩罚。更为严重的是，1972 年《紧急状态法》的实施开了一个先例，即政府会在必要时采取超常措施解救受到债务困扰的企业——不会让企业和银行的经营者为其原先的投资与借款决策承担责任。政府给人一种强烈印象，即在危急状态，政府不仅为私人部门的国外借款提供担保，而且还会保护在职所有者—经营者的权利。"8.3 措施"还开辟了一个新时代，其特征是政府与实业界的风险伙伴关系日益深化。

4. 重化工业战略与风险伙伴关系的加强

1970 年代的重化工业浪潮进一步巩固了政府与实业界之间以关系治理为基础的风险伙伴关系。朴正熙政府 1973 年颁布《重化工业宣言》，正式开始实施重化工业产业政策。与 1960 年代政府至少在形式上平等地对待所有执行政府出口政策的企业不同，为了尽量缩短时间，充分利用规模经济，尽快建立资本密集型中间产品部门，政府决定挑选一些大财阀作为依靠对象，并为他们提供极为慷慨的金融支持。② 通常的做法就是，政府指定某个人或某个企业对某个项目投资，并分配给他指定数额的银行贷款和引进的外资。由于政府的支持，这些财阀迅速提高了在 GDP 中的份额。

在朴正熙时代，政府主要利用国有化银行作为金融资源的配置受手段，借以实现经济计划和产业政策。不过 1960 年代和 1970 年代政策指向是不同的，在 1960 年代，政府主要将低利益贷款作为奖赏分配给了那些成功实现出口任务的企业；1970 年代，政府则主要将其分配给了那些在政府制定的重化工业内进行投资的大企业，这些领域包括汽车、造船、化工、钢铁、有色金属、机

---

① 暂停支付后，所有的场外交易贷款人都要向政府注册，结果显示，非正式场外交易贷款额等于正式金融部门银行贷款总额的 42%。这表明了公司部门依赖场外交易市场的程度。

② 韩国政府的决策圈曾经讨论过在重化工业领域建立一个公共部门持股公司，但后来放弃了，而转向利用已有的私人企业，政府则对其进行支持。

电设备等。因此，对于企业来讲，能迅速地适应政府政策的这种变化对于自身发展来说是非常关键的。那些能接近政府并忠实顺从政府重化工业产业化政策的财阀在1970年代和1980年代都获得了巨大的增长，比如现代、大宇等都是在1973年政府颁布《重化工业化宣言》以后，迅速调整战略适应政府政策而发展起来的。而那些没有进行调整的财阀的发展步伐则要慢许多，典型的例子如三星。虽然该企业在轻工业领域的投资也在逐步减少，但在该领域内的投资仍占其总投资中的很大比重，同时它还在其他耐用消费品如电子设备领域进行了大量投资。因此，与其他财阀相比，三星的发展就要相对慢一些。从各大财阀在不同时期的排名情况可以直观地看出这一点，1975年，三星在所有财阀中排名第一，现代和大宇分别排名第三和第七；而到1985年时，三星降至第三，现代和大宇却分别上升至第二和第五。

韩国政企之间的风险伙伴关系也在这种决定性地偏向于大企业集团的重化工业产业政策中逐步加强。因为只有被挑选出来的少数大企业能够享受优惠，所以这种偏向几乎注定是企业专用性的。这种制度并不鼓励真正的创新者，而在某种程度上支持那些在公共关系方面有成效的人。正如上面所述，那些能接近政府官员、顺从政府政策并能享受到金融优惠的财阀一般都能得到迅速的扩张。事实上，在1974年到1978年重化工业运动的鼎盛时期，进入重化工业的企业集团资产翻三番的现象非常普遍。十大企业在GDP中的份额从1973年的5.1%增长了三倍，到1981年时达到20.4%。财阀的这种急速扩张，一方面迅速推动了政府重化工业战略的实现，另一方面可能也正悄悄地改变着政府与财阀之间风险伙伴关系的性质。尽管朴正熙政府可能认为自己能够像对待国有企业那样永远控制这些企业集团，但实际上，由政府一手创造的经济"巨兽"正在依着自己的偏好改变着这一格局。由于把大量资源投入到那些承揽优先投资项目的企业集团——有时不顾所有者—经营者的反对，因此如果项目失败，政府就不得不承担责任。而且，这些企业集团的庞大规模和高杠杆比率强化了"大马不死"（too big to fail）的神话，即使危机来临也是如此。① 财阀这种地位的上升，反向加强了政府对他们的依赖。在某种程度上，财阀甚至可以以其巨大的资产规模和债务规模作为"人质"，对政府施以"要挟"，制定有利于它们的政策。

---

① 大宇在1970年代的经历就是一例，在重化工业运动期间，朴正熙政府要求这家纺织与贸易公司接受了机械装备制造厂、船厂并进入汽车工业。在服从政府意愿的过程中，大宇的债务股本比率达到900%。在大宇无力履行还债义务时，政府只能拯救它。

四、1980 年代以后政企风险伙伴关系的演进

1980 年代以后，韩国的政治经济体制经历了诸多变化。经济上，新自由主义的实施将韩国引向一条通向新古典式的市场经济转型之路；政治上，民主化运动以前所未有的速度推进了韩国向市民化社会（civil society）发展，民主化改革迫使政府在对社会的管理方式上放弃传统极权式的控制模式，而代之以民主的决策程序。上述变化如果从治理的角度看，意味着韩国在形式上开始从关系治理向法治治理过渡。

不过，正像路径依赖理论所描述的那样，一旦市场形成某种惯例（哪怕这种惯例是低效的），市场选择就会把我们锁定在低效的历史路径上。经过1960～1970 年代的发展，韩国经济体制已经产生了强化并维持政府与实业界以关系治理为基础的风险伙伴关系的僵化机制。尽管具有改革意识的决策者提出了向更加市场化的体制转轨的诸多措施，但那些原有体制下的既得利益集团会极力阻挠改革的进行，具有改革意识的决策者最终可能被更顺从既得利益集团的官僚所取代。因此，尽管韩国经济体制已经不再具有效率，但仍顽固地持续到 1997 年的经济危机爆发。

1. 关系治理依然是政企风险伙伴关系的基础

1980 年代以来新自由主义政策的实施，尤其是财阀政策的实施，一个主要目的就是割断政府与财阀之间传统的战略性风险伙伴关系，建立一种基于市场的（arm's length）管理与被管理关系。但是，由于路径依赖和历史惯性的"锁定"效应，治理形式并不会随着新政策的出台而迅速改变，政府仍不断地将干涉的"触角"伸向了经济和私人企业中的每一个角落。最明显的例子是政府仍在介入私人企业的事务。虽然政府不断重复这样的论调，即尊重私人企业的投资决定，但在一些重要的产业如汽车、钢铁、电信等，政府仍进行了广泛的干预。

政府对财阀事务的干预大量地体现在政府对陷入困境的财阀的挽救上。可能是由于历史惯性的原因，也可能是由于"大马不死"的认识，政府一直避免出现财阀破产的现象。1985 年全斗焕政府强迫国际集团破产只是一个极端的个案而已，① 大多数情况下，政府都会对陷入困境的财阀极力挽救，以避免其破产。1995 年政府对两家财阀的挽救可以进一步反应旧的治理形式是如何

---

① 事实上，国际集团破产后，由于社会上出现了其他财阀也将接连破产的谣言，为了避免由此而造成社会恐慌，政府在接下来的两年为那些被债务所累的财阀提供了大量的援助性贷款。

在与改革的较量中占取了上风。这一年，两家规模相对较小的财阀 Duksan 和 Yuwon 出现了严重的债务危机，据报道，立志于改革的金泳三政府最初坚定地拒绝对其进行挽救，试图以此作为其市场化改革的证明。但是，不久一位财政部的高级官员声称，如果因为政府坐视不管而使经济衰退，将会对未来的经济发展造成更大的打击，并将造成更多的财阀破产。于是，这一让步成为政府实施挽救的最佳理由，一系列的拯救行动也由此而开始。政府的这种困境也给了财阀以强烈的暗示，即他们必须实施更大规模的扩张，因为企业变得越大，就会越安全。[1] 这种"囚犯困境"说明，政府与财阀之间仍然没有摆脱风险伙伴关系的束缚。[2]

政府试图保留其对财阀控制权的表现还可以从 1980 年代银行私有化改革的不彻底看出来。1983 年，韩国政府对商业银行实行私有化改革，如果经过这一轮银行私有化，控制权能够有效的转向私人部门，那么就标志着开始向更加市场化的体制转轨。但政府尽管从银行撤出，却要求银行经营者的任命要经过财政部批准，从而仍然保留着治理权利。很明显，具有改革意识的专家官僚仍无法消除那些旨在对金融部门的资源配置保留控制权的政治家和官僚的抵抗。

除了直接干预，政府对财阀的隐性担保也阻碍了治理体制的转变，因为隐性担保加重了财阀的道德风险问题，这一点可以从财阀的投资战略中得到明显的体现。从 1980 年代的金融自由化改革开始，财阀普遍通过持股并控制非银行金融机构（NBFIs）如证券公司、投资信托公司、保险公司等的形式，扩大了对金融领域的影响。这些 NBFIs 以提供比银行更为优惠的利率的条件，吸引了大量的金融资源。即使意识到这种做法存在着很高的风险，储蓄者仍然敢将

---

[1]　这种预期可以从他们的投资方式上反映出来。如果一个企业预期政府会保护它免遭破产，就会在不确定性增大时有较高的投资率，并愿意增加投资，而不考虑倒闭的风险。Hahn（2000）研究表明，与其他一些企业相比，位于前列的大集团的确会在不确定性增大时维持较高的投资率，并倾向于增加投资。

[2]　*The Economist*（1995.6.3）上的一篇题为"作茧自缚的经济"对韩国政府与财阀之间的风险伙伴关系作了形象的描述，"这种干预的持续说明，政府官僚像任何人一样，对权力充满了欲望。但是，这种干预之所以能够持续下去还有更深的原因。由于朴正熙政府的产业政策，私人企业已经习惯于在被挽救中成长，他们的投资计划因此而不加选择，不计后果。如果政府允许他们做他们愿意做的任何事情，必然的结果就是投资急剧膨胀，经济泡沫越吹越大。……朴正熙已经死了十几年了，但他留下的遗产仍深深地影响着经济的治理。……人们对于'大'的偏见因为政府对于财阀的隐性担保而加强……但是，关于财阀，人们最大的担心就是他们对于经济稳定的威胁。……一个大财阀的倒闭将会威胁韩国金融体制的稳定，因此政府或多或少被迫对财阀的稳定进行担保。这种担保则鼓励了财阀进行更大量的投资，他们于是变得越来越大，对其倒闭的预期也因此更加成为人们的恶梦。朴正熙创造了一个没有人可以支配的巨兽"。

资金存入这些金融机构，显然，造成这一结果的直接原因就是，人们相信政府对财阀一定存在着担保，绝不会允许他们破产。在政府隐性担保的基础上，借助于 NBFIs 筹集到的资金，财阀进行了急剧的扩张。表 6.4 和表 6.5 从资金流向变化的角度反映了财阀地位的加强。

表 6.4　韩国的公司融资结构变化趋势　　　　　单位：%

	1970	1975	1980	1985	1988	1990	1991	1992	1993
间接融资	39.7	27.7	36	56.2	27.4	40.9	42.8	36.3	32.8
从银行贷款	30.2	19.1	20.8	35.4	19.4	16.8	19.8	15.1	13.7
从 NBFIs 贷款	9.5	8.6	15.2	20.8	8	24.1	22.0	21.1	19.0
直接融资	15.1	26.1	22.9	30.3	59.5	45.2	37.9	41.4	53.3
商业票据	0.0	1.6	5.0	0.4	6.1	4	−3.8	7.6	14.7
公司债券	1.1	1.1	6.1	16.1	7.5	23	24.2	12.5	15.0
股票	13.9	22.6	10.9	13	40.6	14.2	15.1	15.9	16.5
国外借款	29.6	29.8	16.6	0.8	6.4	6.8	4.4	5.0	−2.3
其他	15.6	16.4	24.5	12.7	6.7	7.1	15.9	17.3	16.2
总计	100.0	100.0	100.0	100.0	100.0	100.0	100.0	100.0	100.0

注释：其他包括政府贷款和公司间的贸易信用。

资料来源：Phillip Wonhyuk Lim（2001）："The Evolution of Korea's Development Paradigm: Old Legacies and Emerging Trends in the Post – crisis Era"，ADB Institution Working Paper.

表 6.5　韩国金融机构的市场份额　　　　　单位：%

	1980	1985	1990	1995	1998
储蓄					
商业银行	42.8	31.2	25.5	19.9	22.6
专业银行	28.1	22.4	15.5	7.9	5.2
NBFIs	29.1	46.4	59.0	72.2	72.2
贷款和贴现					
商业银行	38.8	34.2	29.3	23.9	27.9
专业银行	24.5	24.2	19.0	12.6	10.0
NBFIs	36.7	41.6	51.7	63.5	62.1

资料来源：Phillip Wonhyuk Lim（2001）："The Evolution of Korea's Development Paradigm: Old Legacies and Emerging Trends in the Post – crisis Era"，ADB Institution Working Paper.

2. 政企风险伙伴关系的性质发生改变

尽管如此，由于政治和经济制度环境的改变，政企风险伙伴关系在性质上还是相应发生了一些变化。

变化之一：政企关系从"控制与依从"向"共栖"过渡。

1980 年代以前，由于政府处于主导地位，政企之间的风险伙伴关系表现为一种"政府—领导者，企业—跟随者"的控制与依从关系。1980 年代以后，随着财阀力量的不断加强，两者关系开始逐渐朝着有利于财阀的方向发展，具体地，一种被许多学者称作"共栖"的风险伙伴关系逐步取代控制与依从关系，成为新的政企关系形式（Yoo，1997）。

政企风险伙伴关系性质的这种转变是随着韩国经济的高速发展而悄然改变的。重化工业战略的实施，造就了现代、大宇、三星等经济界的"巨人"，由于这些企业集团的庞大规模和高杠杆比率，形成并强化了"大马不死"的神话。政府可能认为自己能够像对待国有企业那样永远控制这些企业集团，但实际上，由政府一手创造的经济"巨兽"正在依着自己的偏好改变着这一格局。1970 年代，这一变化其实已初露端倪。这一时期，对财阀提供贷款时，政府官员开始更多地考虑个人职位的安全，而非贷款的经济效益（Lim，2000）。不过，由于财阀的规模所限，加上政府对金融资源的控制能力，政府仍能对其施以有效控制，借以实现预定的产业发展战略目标。

但是，1980 年代的金融自由化开始从根本上改变这一格局。政府进行银行私有化，降低非银行金融部门进入壁垒，本意是为了促进金融市场的有效竞争与发展，但在一个由少数大财阀控制的经济体系中，结果却事与愿违。如果仅从数字结果看，政府的愿望是达到了：NBFIs 储蓄占国内总储蓄的比重，从 1980 年不足 30% 上升至 1990 年代初的 60%；同样，其贷款比重也超过商业银行。NBFIs 的快速发展主要得益于它们比商业银行拥有更为自由的利率和贷款政策。但可能出乎政府预料的是，NBFIs 正在代替商业银行成为财阀的主要融资渠道。数据显示，在韩国企业的融资结构中，NBFIs 贷款和直接融资所占的比重，1980 年时为 38.1%，1990 年却急剧上升到 69.3%；相反，银行贷款的比重却从 1985 年鼎盛时期的 35.4%，下降到 1990 年的 16.8%（Lee et al.，2000）。

公司融资结构变化的结果之一，就是财阀相对于政府的独立性加强，因为他们不再主要依赖政府控制的银行贷款。同时，财阀通过控制 NBFIs 的所有权，进一步加强了其独立性。到 1988 年，最大的 30 家财阀拥有 12 家证券公司（全国总数为25家），18家保险公司（总数为35家）和18家投资信托公司（总数为38家）。尽管政府对NBFIs的股权结构进行限制，但这些财阀总能通过直接或间接的方式，控制这些非银行金融机构30%以上的股权，进而控制整个公司（Lee et al.，2000）。这种变化说明，至1980年代末，政府已无法继续有效地控制财阀的投资行为。换句话说，原来那种政府主导的战略性风险关系已开始解体，取而代之的是双方的共栖关系。

政府与财阀地位的转换通过1980年代末的一些事件以及1993年新一轮金融自由化改革中财阀的肆意行为得以充分体现。1980年代末，为了抑制财阀的势力，韩国政府曾推出三项措施：（1）要求财阀卖掉非主动经营性土地（所谓的1990年"5.8"措施）；（2）要求财阀缩减经营范围，并为每个财阀指定最多三个属于其具有比较优势的专业化领域；（3）要求财阀控股家族①卖掉一部分股票，降低企业的所有权集中度。对于不执行第一项措施的惩罚是提高其银行贷款和信用拖欠的利息率。为了促进其他两项措施的进行，政府对那些将主要经营领域缩至三个公司的财阀以及将股权比例降至10%以下的财阀家族，提高信用上限以资鼓励。但是，政府的努力遭到了全面失败。至1991年3月即官方截止日期一个月以后，财阀只卖掉所有非经营性土地的60.1%②，一些财阀甚至指出，他们宁愿接受利息惩罚，因为预期的土地价格升值足以弥补这些损失。对于第二项措施，财阀通过轮换制成功地获得了同样的信用优惠。第三项措施的实施则带来了更为长远的消极后果，因为它实际上助长了财阀的交叉持股行为，结果是，控股家族的股权持有比例虽然不断下降，但其对集团的控制权却并未降低。根据Joh（2001b）的研究，控股股东的所有权比重越低，越能够刺激他们采取有利于个人利益最大化而非企业利益最大化的机会主义行为，企业的绩效因此也越差。

1990年代初，在民主化运动不断加强、新自由主义思潮日益深入以及财阀压力不断加大的情况下，韩国政府选择了一种保持经济稳定、放松管制的自由化政策，内容包括提高银行股权持有上限，提高总体信用上限，放开对外资

---

① Lee（1999）认为，把控制了财阀的家族称作"控股家族"可能会起误导作用，因为他们并没有拥有多数股权，因此，严格说来必须区分多数控股和少数控股。不过在不影响理解的情况下，我们仍然沿用了过去的称谓。

② 尽管此后政府在这项措施上仍然达到了目的，但财阀的拖延行为事实上已经证明，政府控制财阀的能力正在减弱。

本市场①等。这些措施的实行，极大地满足了财阀更加自由扩张的需求，具体表现为：企业的扩张更加随意，比如三星向汽车领域的进入；一批原来由财阀控制的规模较小的非银行金融公司，摇身一变成为新的商业银行，内部治理结构则无任何变化；财阀对 NBFIs 的控制进一步加强②；短期资本市场的开放使得财阀以及财阀所控制的银行和 NBFIs 的短期外债急剧上升③。

上述事件说明，到 1990 年代初，原来的政府主导体制已基本解体。财阀开始使政府成为自己手中的"人质"。他们以其庞大的规模和对社会的影响力"要挟"政府，使得政府的政策朝着有利于自己的方向发展，换句话说，就是他们已经开始成为规则的制定者而非仅仅是遵守者，而且其目标函数总体上大大偏离了利润最大化。不过，这种转变并不意味着财阀已经能够控制政府，确切说，是双方开始互为人质。在这种体制中，任何一方已经不能轻易地凌驾于另一方之上，惟一的选择就是合作，表 6.6 显示了双方的这种互为人质的风险伙伴关系。

表 6.6　互为人质表现：财阀在制造业中的相对地位（占总数的百分比）

财阀集团	装运量（shipment）				职工雇佣			
	1977	1982	1987	1989	1977	1982	1987	1989
最大 5 家	15.7	22.6	22.0	21.3	9.1	8.4	9.9	9.9
最大 10 家	21.2	30.2	28.2	27.0	12.5	12.2	11.9	11.8
最大 30 家	34.1	40.7	37.3	35.2	20.5	18.6	17.6	16.6

资料来源：Myung Hun Kang（1996）：*The Korea Business Conglomerate*：*Chaebol Then and Now*，Library of Congress Cataloging – in – Publication Data.

变化之二：政企风险伙伴关系越来越政治化。

政企风险伙伴关系性质发生变化的表现之二是由于金钱政治的盛行而越来越政治化。在韩国，"用金钱交换政治影响"早已成为一个公开的秘密。Kang

---

①　对外资进入的放松方式很奇怪。总体上看，是先放开短期外资进入，长期外资进入则依然受到限制。Lee et al.（2000）认为，这主要是因为政府认为长期资本会对国内的资本供给产生冲击，而短期资本则不会。

②　比如，放松管制以前，最大的 15 家财阀不允许拥有和控制生命保险公司，第 15~30 名的财阀则最多只能拥有 50% 的股权。但 1996 年 5 月以后，除了最大的 5 家财阀，所有的财阀都可拥有和控制生命保险公司。

③　比如，韩国企业对外融资结构中，短期商业票据所占比重，1992 年为 7.6%，1995 年则上升至 16.1%。

（2000）通过大量数据对此进行了深刻的分析，他认为，无论是在经济高速增长时期，还是在此之后，韩国的金钱政治（money politics）都是极为广泛的，表6.7可以从一个方面反映这种金钱政治的严重性。虽然在朴正熙和全斗焕极权时代，金钱政治已相当普遍，但1987年的民主化运动加强了这种趋势。由于竞选的需要，各政党对政治献金的需求急剧增加。根据韩国官方的统计，1996年所有政党筹集到的资金是4.12亿美元，而美国民主党在2000年预计筹集的资金总额也才有1.79亿美元。

表6.7　1980～1997年竞选花费的估计额

选　举	实际费用估计额	官方公布数额
1981年第11届国会选举	总额：2000～3000亿韩元（2.66～4亿美元） 每个候选人平均5～10亿韩元	317亿韩元（0.452亿美元）
1985年第12届国会选举	总额：2000～3000亿韩元（2.66～4亿美元）	
1987年总统选举	总额：4430亿韩元（5.9亿美元） 卢泰愚继承的全斗焕的资金： 至少2000亿韩元（2.66亿美元）	139亿韩元（0.185亿美元）
1988年第13届国会选举	总额：4000～5000亿韩元（5.33～6.66亿美元） 政府：每个候选人平均5～10亿韩元 少数党：每个候选人平均2～3亿韩元	YS： 284亿韩元（0.378亿美元）
1992年总统选举	总额：2万亿韩元（27亿美元） YS：1万亿韩元（13亿美元） JP：300亿韩元（0.4亿美元）	
1992年第14届国会选举	总额：1万亿韩元（13亿美元）	
1996年第15届国会选举	总额：多于1万亿韩元（13亿美元） 每个候选人平均10～20亿韩元	NKP：64.5亿韩元 NCNP：64.3亿韩元 ULDP：62.9亿韩元
1997年总统选举	总额：2万亿韩元（27亿美元）	

注释：YS：金泳三；DJ：金大中；JP：金钟泌；NKP：New Korea Party；NCNP：National Congress for New Politics；ULDP：United Liberal Democratic Party.

资料来源：David C. Kang（2000）："Bad Loans to Good Friends：Money Politics and the Developmental State in Korea"，forthcoming in *International Organization*.

Kang（2000）的分析表明，从政府的角度讲，是政治考虑而非经济考虑，决定着经济政策的制定与实施；财阀则利用政治献金，换取执政党有利于自己的经济政策。一旦为政党提供了竞选资金和其他活动的资金，就会使他们很难有动力对财阀进行处罚。双方的这种相互需要形成了一种类似于囚犯困境的权力平衡：都知道欺骗最好，但最优的稳定状态却是都招供。

金钱政治给韩国带来了两方面的结果，一是腐败的大量出现，二是财阀对政府政策制定的影响力的加强。腐败的严重性可以从金泳三时期的一次对中高层人士的民意调查看出来，调查结果显示，在娱乐、法律、政府官员、商业和教育领域，只有教育行业比5年前的腐败减少了，其他行业要么依然如故，要么恶化了。

财阀对政府政策制定的影响力加强集中体现在经济政策的不连续性上。几乎在每一个改革领域，政府的政策都会根据管理和选举的周期而在改革与停滞之间左右摇摆。从卢泰愚政府开始，为了平抑社会的反财阀情绪，每一届政府上任伊始，都会制定雄心勃勃的改革计划，但到下一个选举年到来之前，这些政策又都半途而废。最典型的要数劳工政策，无论是卢泰愚政府还是金泳三政府，在上任之初都承诺改革劳工政策，但不久又都由于财阀的压力而转向支持企业经营者。对财阀的政策同样如此，基于竞选的承诺，卢泰愚政府和金泳三政府都试图通过制定相关法律和政策对财阀实施连续性的严厉管制，以此削弱其对国民经济的控制力，改变经济结构过度失衡的格局，但他们的改革从未连续地执行下去（Mo & Moon，1999）。这里问题的关键不在于法律和政策的有无，而在于执行者的实施力度不够。事实上，在民主化运动中，韩国政府制定了大量的与财阀有关的政策，但大多都只停留在纸上而未得到有效的执行。就像Kim（1996，pp.11）指出的，"韩国的管制政策虽然很多，但大多都是内容模糊的，于是对其进行解释和说明的任务留给了管制者——在这种情况下，管制者和被管制者都明白，管制措施根本不可能像它所写的那样得以执行，这也因此为被管制者留下了大量的空间，通过各种方式游说管制者，以阻止管制的实施"。

第三节　金融危机与政企风险伙伴关系的解体

一、新自由主义、民主化与法治治理的出现

1. 新自由主义与法治治理

1980年代初，一种被称作新自由主义的思潮在韩国出现，从当时的社会

背景看，是国际、国内两方面的环境变化共同促成了这种思潮的产生。从国际范围看，1973～1975年的世界性经济大危机和两次石油危机的爆发严重打击了人们对凯恩斯式的管理资本主义（managed capitalism）的信心，以弗里德曼货币主义为代表的鼓吹自由放任的新自由主义开始成为主流，在这种背景下，里根、撒切尔夫人等保守派领导人也适时上台，于是在1980年代初，全球范围内尤其是在发达国家，掀起了一股新自由主义浪潮。

新自由主义的核心思想可以概括为放松管制、私有化和自由化（Crotty & Dymske，2000）。具体来看，就是要求政府收缩其在经济中的角色，主要包括：货币政策开始更多地集中于降低通胀，而非减少失业；削减政府财政支出，减少构建社会安全网和社会福利项目的开支；放松对企业经营的管制等。发达国家的新自由主义运动对发展中国家产生了一种外部压力，由于经济上的交易关系，他们要求发展中国家的国内经济体制作出同方向的改革。

从国内形势看，1970年代末是韩国经济发展的一个转折点。1970年代重化工业战略的实施将韩国带入了一个经济实力迅速增强、经济结构日益复杂、人民生活水平大幅提高的新阶段。但与此同时，传统的发展战略和关系治理体制的弊端也日渐凸现，如产业结构失调、经济过于集中、重化工业部门生产能力过剩等。1979年4月，朴正熙政府不得不放弃雄心勃勃的重化工业化运动，转而实施经济稳定化政策，但1979年第二次石油危机的冲击和1979年10月朴正熙的遇刺导致经济状况进一步恶化。1980年，韩国的经济增长从前一年的7.2%急剧降至-3.7%，对于一个习惯于年增长8%以上的国家来说，这的确是非常令人吃惊的。

全斗焕政府上台后，各种因素的结合使其选择了新自由主义。在这些因素中，除了国际范围内新自由主义思潮的影响和发达国家（以及IMF）的压力之外，国内的经济形势以及全斗焕个人的政治考虑是两个不可忽视的因素。朴正熙给全斗焕政府留下了一份经济失衡、社会脆弱的"遗产"，在对旧体制的反思过程中，新自由主义逐渐成为社会思潮的主流。具有改革思想的专家官僚认为，传统的经济体制已经完成了它的历史使命，韩国经济正变得越来越复杂，依靠政府来确认具有盈利能力的投资机会已变得越来越困难，相反，政府的过分干预只会招致产生严重的道德风险，并使经济处于危机边缘，因此，应该用更加市场化的以法治为基础的治理体制代替以前那种政府任意干预的以关系为基础的治理体制。在这种新的体制下，对于投资的评价和管理应该由独立运转的金融机构而不是政府来进行，并据此配置资源。企业家只能依靠自己寻找投资机会，并承担决策的全部后果。政府不再对私人企业下达指令，提供保证，而只限于制定游戏规则，提供社会安全体系。总之，解除控制和保护、转变治理方式应该成为改革方案的核心。

从政治角度讲，由于不是通过民选上台，全斗焕清楚地意识到自己非常缺乏民众的支持，在这种情况下，提高其权威和"合法性"的最佳途径就是稳定当时混乱的经济局面，并通过恢复经济增长取得民众的支持。为了做到这一点，听顺民意，选择新自由主义无疑是最好的方式（Moon，1999）。

概括地讲，政府的新自由主义调整包括：取消指向性的优惠贷款，促进资源的合理与公平分配；实行金融自由化，包括商业银行私有化、允许成立非银行金融机构（NBFI）和地方银行；极大降低了人为高估的汇率，使其回到"正确的轨道"；对进口和外国直接投资实行自由化以促进国内市场的竞争等。

政府的新自由主义调整本质上意味着一种治理体制的改变，改变传统以关系为基础的治理体制，代之以更加市场化的以法治为基础的治理体制是这一改革的基本取向。那么，这次改革的效果究竟如何呢？如果从短期看，结果很难说令人乐观，根据前面的分析，韩国的关系治理体制在1980年代后仍旧是很强的。Lim（2000）的研究也表明，韩国政府与企业之间的风险伙伴关系并没有随着政府所采取的一揽子自由化措施而得到彻底修正。关系治理体制的这种拒绝变化的特征正反映了路径依赖对经济发展的巨大影响。但是，由于新自由主义的经济调整，一系列新的因素不断涌现，并在不知不觉中对看似稳定的经济制度形成了巨大冲击，治理体制也悄然变化。

治理体制的变化主要体现在法治治理形式的引进上。虽然法治治理要成为一种主流并非朝夕之间即可完成，但迈出第一步非常重要。根据进化博弈论，经济的演进事实上就是一个能够观察到采用获得更高收益的战略的人数比率逐渐上升的动态过程（青木昌彦、奥野正宽，1996）。政府的改革不可能一步到位地实现新制度对旧制度的替代，但随着对新规则的认同并遵守的人不断增多，在某一时点（至少理论上如此），新制度终将战胜旧制度，成为经济中被大多数人自觉接受的主导性制度。根据韩国1980年代后政府改革的实施情况，法治治理形式的引进主要表现在市场机制的加强和政府经济管理部门职能的变化两个方面。

（1）一系列有利于市场机制的措施的出台。

关系治理体制的形成与加强与政府政策的随意性和倾向性是高度相关的，意识到这一点，实施市场化指向的新自由主义改革的韩国出台了一系列有利于市场机制的经济政策，包括公平贸易法的引进和放松管制等。

1980 年《垄断管制与公平贸易法》（MRFTA）的颁布在韩国的市场和政府相互关系的历史上是一个重要的转折点。作为韩国的竞争法，MRFTA 试图通过引入游戏规则而建立一个公平的市场经济制度，因此，其地位位于其他经济法规和管制之前，在各种经济法中具有"宪法"的性质。

MRFTA 颁布之初，其主要条款涉及对这样一些行为的处理，包括滥用市场控制力、过度的合作行为、不公平贸易、通过贸易合作限制竞争等。自颁布以后，MRATA 先后在 1986 年、1990 年、1992 年、1994 年和 1996 年被修改了四次，主要是为了加强该法的实施。由于加入了许多关于反对财阀经济力量集中的条款，该法一直被认为是财阀政策的主要工具。此外，为了加强 MRFTA 的实施，韩国政府还在 1981 年成立了公平贸易委员会。它的权力和独立性在后来对 MRFTA 的四次修正过程中进一步得到了加强。

表 6.8 总结了 1981～1994 年期间公平贸易委员会关于 MRFTA 的实施记录。尽管这一结果并不能就被称作理想，[①] 但就像 Yoo & Lee（1997）所说的，我们至少可以得出这样的结论，MRFTA 的颁布，在韩国的经济史上代表了一个新的时代的到来，它为在韩国建立一个自由的市场经济，缓解经济的过度集中，促进自由和公平的竞争以及法治治理的引进奠定了一个坚实的基础。

除了 MRFTA 的颁布和实施，在 1980 年代和 1990 年代，韩国还经历了几轮放松管制的改革。第一轮放松管制在 1988 年由卢泰愚政府实施。那些被认为是由于反竞争的政府规制而发展受到阻碍的产业首先被政府挑选出来，然后进行经济分析，通过调查现存管制措施的根据和问题，找到一种最优的放松管制的方法。1993 年金泳三政府上台后，放松管制更是被作为最重要的经济改革内容之一而得到了执行。

从实施效果来看，有学者指出（Yoo and Lee，1997），由于经济的波动以及改革目标的混乱，卢泰愚政府和金泳三政府的改革并未取得预期的效果。理解这一点并不困难，由于这些改革会涉及到所有者、管理者、工人、消费者甚

---

① 事实上，表 6.8 的结果显示，该法的执行是非常脆弱的，法律实施中的大部分都与不公平贸易活动、过度的国际合同以及不公平的再转包贸易有关，与此形成对比的是，关于滥用市场垄断力量、反竞争经营一体化、合谋行为以及财阀管制的校正却很少。这种情况说明，当财阀对 MRFTA 中的重要条款形成触犯以后是否真正受到了应有的惩罚，仍是值得怀疑的。韩国法制治理体制建设的步伐缓慢与此恐怕有着密切的关系，因为"应受惩罚而逃脱了惩罚"的案例越多，法律的公正性和权威性就越会受到践踏，法制体系也因此而越加脆弱。

至政府官员等利益集团的利益调整，因而在任何国家的经济史上都不会是一个容易的过程。在韩国，由于曾经出现过政府极度管制和干预私人部门的历史，这一过程当然就显得更为艰辛。尽管如此，随着改革的逐步深入，韩国经济中出现的诸多变化对未来经济改革所奠定的基础性作用是绝对不可忽视的，其中尤为重要的一点是，无论是韩国政府还是普通民众，逐渐开始达成这样的共识：传统的政府随意干预的治理形式已经不适应新的经济形势的要求，必须给市场机制以更多的作为资源配置基础力量的空间，必须更多地依靠以法治为基础的治理形式规范政府和企业的行为，在此基础上，建立一个更加公平和自由的市场经济。

表 6.8　《垄断管制与公平贸易法》的实施：1981～1994 年

（校正措施的实施次数）

	1981～1984	1985	1986	1987	1988	1989	1990	1991	1992	1993	1994	总数
市场控制力的滥用	3	1	1	4	—	—	2		6	2	1	20
企业合并	140	27	22	35	37	32	12	22	19	24	13	383
经济力量的过度集中	—	—	—	1	27	11	21	21	3	37	5	117
过分的合作行为	7	10	4	6	15	11	12	20	9	16	20	130
通过贸易协会限制竞争	30	8	37	16	41	24	23	31	45	50	52	357
不公平贸易活动	269	138	264	240	275	320	177	336	292	397	430	138
—大企业集团										26	50	76
—相关的市场垄断经营	61	32	31	29	8	55	23	19	46	38	18	360
不公平合同	—	—	—	2	8	7	10	8	8	34	83	160
不公平的转包合同	89	141	153	141	144	144	97	199	149	223	220	1700
不正当的国际协定	703	234	273	242	70	39	288	235	57	65	55	2261
总数	1241	559	754	687	617	588	642	854	622	816	886	8266

　　资料来源：公平贸易委员会，转引自 Yoo, Seong Min and Lee, Sung Soon (1997)："Evolution of Industrial Organization and Policy Response in Korea: 1945～1995", In Cha, Dong, Kim, Kwang Suk and Dwight Perkins ed., *The Korean Economy* 1945～1995: *Performance and Vision for the 21st Century*. Korea Development Institute.

（2）政府经济管理部门的改革及职能的调整。

为了配合经济体制的改革，1980年代以后政府对其在产业重构中的角色进行了重新定位和相应调整，简单说就是：缩小管辖范围；政府职能从发展型向管制型转变，从"随意的、部门导向性干预"向"间接的、非随意性支持"如对研究和人员培训等的激励转变（Lew，1999）。这种变化可以从三个经济部委的职能调整加以印证。1994年，韩国政府取消了自1960年代以来一直实行的经济发展"五年计划"，相应地，政府撤销了"经济企划局"这个一直负责几乎所有的经济政策和五年计划实施的庞大机构，代之以财政经济部。韩国银行从1982年开始对银行实行私有化，特别是后来实施了实名储蓄制。商工部的职能也出现了剧烈的改变：首先，到1980年代中期，产业目标从选择保证未来经济增长的部门转变到选择最需要政府支持和保护的部门，津贴的数量和范围也被削减；其次，保护对象被缩减至三年，因此私人企业不再能够像以前那样得到政府的无限支持；最后，许可证被大大简化，在大多数情况下，不再需要政府的事先通过。

2. 民主化与法治治理

1987年10月的宪法修正拉开了韩国政治民主化的序幕。根据这一修正案，直接选举替代了间接选举，自由与公平的选举竞争制度得以恢复。在这一根本制度改变的基础上，一系列的民主化改革措施也纷纷出台，具体包括：赋予地方政府自治权，地方委员会和省级议会得以建立；地方政府行政长官不再由中央任命，而由地方选择直接产生；旨在控制民主集会和言论自由的《集会法》和《基本新闻舆论法》被取消，民众可以自由结社和发表言论；政治犯被释放。金泳三上台后，进一步推进了民主化改革，包括行政管理权力的逐步下放、政府组织的重构、行政管理方式的革新等。此外，还实施了更为严格的反腐败措施。

上述制度性改革以前所未有的速度推进了韩国向市民化社会（civil society）发展。民主化改革使得各种社会组织的政治活动空间大大提升。① 此外，

---

① 在这其中，最显著的变化就是各级地方劳工组织的出现。1985年，全国有1967个工会组织，民主化开始后的第二年即1988年，急剧上升到6142个，1991年进一步增加到7527个。1990年1月，为了对抗由政府组织和控制的工会——韩国贸易工会联盟（Federation of Korea Trade Union），来自全国770个独立工会超过20万人的劳动者组成了一个新的全国性工会——韩国贸易工会代表大会（Korea Trade Union Congress）。同样，教师、农民、知识分子以及记者等也都成立了对抗政府控制的代表组织的公共利益集团。

尤其需要强调的是，公共舆论的放开使得大众媒体成为新的市民社会中一个极为重要的"演员"，对韩国政治体制的演进起到了关键性的推动作用（Moon，1999）。

民主化改革和市民社会的扩张在两个方面推进了关系治理向法治治理的转型。（1）崇尚法治秩序、理性价值及准则的观念在韩国市民社会中日趋人心。Kim（2000）所举的一个典型的例子能够说明这种社会观念的改变，15年以前，如果一个司机违反了交通规则，大多数情况下他们都会给警察官员行贿以避免罚款，但是现在却极少有人再敢这么做了，因为这被视作一种违法行为。这一例子说明，韩国民众已经越来越相信法治治理在社会管理中的基础性作用，诚实和高效也正逐渐成为政府行为的基本准则。因此，尽管腐败行为在韩国社会尤其是政府中仍然存在，但相对于以前，数量却是大大减少了。

（2）政府以关系为基础的治理形式开始受到越来越多的约束，政府干预的随意性不断降低。这种约束主要来自于三个方面：政党、公共舆论和各种社会组织，他们的监督和压力迫使执政党和政府在政策的制定和实施上具有更大的透明度和更强的规范性。对于一项重大决策的出台，在以前的体制中，往往都是政府或政府与财阀之间的"黑箱操作"，民众在事前通常很难知晓其具体的出台过程，更不用说参与了。但是1990年代以后，这种情况得到了很大改观，虽然最终的政策出台反应的是不同利益集团的博弈结果，但他们的参与和监督仍使得决策过程更具透明度，程序也更加规范。1994年经过长期争论三星集团最终进入汽车市场就是一个典型的例子，从1990年6月提交进口商用汽车生产技术的申请被拒绝到1994年12月最终被允许进入汽车市场，各种集团——包括中央政府的不同部委、学术界、媒体、私人企业以及地方政府等——都积极参与进行讨论，从而对政府的最终决策施加了他们的压力。①

二、两种治理体制的冲突与经济危机的爆发

关系治理和法治治理是两种完全不同的关于市场交易和政府管理的经济治理制度，在本质上它们是不相容的，关系治理强调信息和交易的不透明性、关系的专用性和治理的随意性，法治治理则要求信息和交易的透明性、合约的第三方可证实性以及治理的规范性。关系治理的上述特点决定了它只有在经济规

---

① Lew（1999）以三星集团进入汽车市场为例，详细讨论了民主化改革如何影响了政府干预经济的决策过程响。

模小、交易范围窄的经济发展初期具有优势，随着经济规模越来越大、经济结构越来越复杂、交易范围越来越广，关系治理下的市场交易和政府管理成本会逐渐超过建立法治治理体制所需要的成本（参见图6.1），成为经济进一步发展的阻力，此时，建立一个以法治为基础的经济治理体制就成为当务之急。

但是，正像 Li（2000）和 Rajan & Zingales（1998）的研究所显示的，从关系治理向法治治理的过渡通常并不是平稳无间，而是呈现出一种非连续的不稳定过程。造成这种不稳定的根本原因就在于这两种治理体制之间不相容所导致的不可调和的冲突，向法治治理的过渡要求市场游戏规则和政府管理制度的彻底改变，而传统治理体制的惯性以及该体制下的既得利益集团会极力阻挠改革的进行和新体制的建立，当这两种治理形式之间的冲突不断加剧直至造成社会的极大恐慌时，经济就可能以爆发危机的形式强制性地解决冲突。韩国在向法治治理体过渡过程中所暴露出来的两种体制间的冲突以及经济危机的最终爆发就很好地诠释了这一点。

两种治理体制的冲突突出反映在"形式上的法治治理，实质上的关系治理"这种不对称上。一方面，随着经济赶超任务的逐步完成，韩国的经济制度在许多方面已经接近于西方发达经济，如经济结构越来越复杂，交易规模越来越大，市场信息数量庞大但稍瞬即逝，以及善于捕捉市场机会的企业家越来越多等。这种新的市场环境使得以垄断性信息和封闭性交易为基础的关系治理的交易成本越来越高，不再具有优势，因此客观上要求经济制度向法治治理转变。但是，传统治理体制下的既得利益集团显然不会甘于其垄断租金的丧失，依靠强大的经济实力，这些集团以"大马不死"作为"人质"，要挟政府在进行经济治理时，依然以关系为基础，制定有利于自己的政策，从而使得法律法规在多数情况下成为一纸空文。

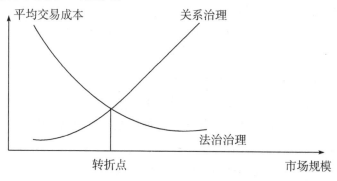

图6.1　平均交易成本曲线

随着国内市场对外开放程度的不断提高，上述冲突会变得更加明显与突出。国内外市场的对接同时也意味着两种治理体制的直接交锋。外国投资者，尤其是西方的投资者往往具有充分的对法治治理的认识，但却缺乏对关系治理的尝试和透视。因此，外国投资者在被韩国国内市场开放而带来的巨大商机所吸引的同时，也会对其投资是否能够足够的制度保障而担忧。在这种情况下，它们的最佳选择就是采用短期投资或贷款。这样，一旦出现任何不好的迹象，他们可以迅速抽回投资和贷款，从而避免或减少损失。

外国投资者的上述选择对于韩国经济显然是一把双刃剑。如果国内经济稳定发展，外资可以起到弥补国内资金缺口的功效。但是，它也同时将国内经济置于一种"随时可能遭受致命打击"的巨大风险之中，因为一旦国内经济形势恶化，或者国际金融市场出现动荡，外资的迅速抽逃会立刻导致国内经济陷入瘫痪和危机。

事实上，直到1990年代中期，韩国经济在规模不断扩大、市场不断开放的同时，传统治理体制中的大部分问题都还没有得到有效解决。结果，一系列影响深远也是最终导致1997年经济危机的现象出现了。从支撑韩国经济的微观主体的角度，Joh（2001a）将其概括为三个方面：高资产负债率、长期低下的盈利能力以及脆弱的公司治理体制。具体看，1995年，前30大财阀的平均资产负债率达到了347.5%。自1993年以来，排名第11~30的财阀的资产利润率平均来看一直是负的，尤其是汉拿、真露和三美，资产负债率甚至已经超过2000%，与此同时，损失还在持续增加。到1996年，前30大财阀的平均资产负债率已经升至386.5%，但令人惊奇的是，金融机构仍旧在持续地向这些财阀提供信贷。在该年的四月份，由于半导体国际价格的下降，韩国的贸易条件开始急剧恶化，到该年年底，韩国的贸易条件下降了20%，从而对韩国经济形成了自石油危机以来最大的打击（Sin and Hahm, 1998）。1997年，前30大财阀的平均资产负债率继续升至519.0%。① 韩国已经处于另一次债务危机的边缘。

事实上，从第一章的图1.2可以看出，在1980~1990年代的大部分年份里，财阀的投资盈利率已经低于其借贷资本的机会成本，或者说，韩国的财阀随时都存在破产的可能。那么为什么在这种情况下财阀仍然敢于不计后果地大

---

① 1997年，韩国生产领域作为一个整体，平均资产负债率是396%，作为对比，美国、日本和中国台湾省的相应比率分别是154%、193%和86%。

肆扩张呢？为什么在如此之高的风险之下，财阀以及它们的贷款者仍然能够表现得如此漫不经心呢？对这些问题的回答只能从传统的治理制度中找到。

从根本上说，这一体制早已把韩国经济推到了悬崖的边缘，只是由于较为有利的国际环境，才支撑了韩国经济一直能够在悬崖边上挺住不倒。但随着1996年国际市场上韩国财阀赖以生存的半导体等产品的价格大幅下降，潜藏已久已深的问题终于在1997年初爆发。起亚、韩宝等8大财阀的破产，使人们开始怀疑"大马不死"的真实性，东南亚金融危机的爆发和国际权威资信评级机构（如标准普尔公司）对韩国资信等级的下调，则最终彻底摧毁了国外投资者和国内民众对韩国经济体制的信心，货币危机和金融危机也随之爆发。①

从表面上看，1997年的危机具有流动性危机的许多特征，比如低外汇储备、对短期外债的过度依靠以及外国投资者信心的丧失等。但是，本质上看，是财阀的一系列破产才导致了外国投资者信心的丧失和国际资本的大规模逃离，而不是其他原因。因此，即使韩国有足够的国际储备避免危机的爆发，但它迟早还要面对无效率贷款的严重问题，换句话说，韩国经济体制过去30年的演进说明，1997年的经济危机决不是一次孤立的事件。

---

① Krueger and Yoo（2000）指出，货币危机和金融危机并不必然地是一对"孪生危机"，有时也出现只有货币危机而没有金融危机的现象，比如1999年巴西爆发货币危机，但并没有出现国内的金融危机。这也从一个方面证明韩国的经济危机绝非只是单一的流动性危机，而是一种全面的体制性危机。

第七章

金融危机后的财阀重组

第一节 重组：财阀无奈的选择

一、既有的财阀和金融体系趋于崩溃

韩国金融危机始于起亚、韩宝等一些大企业的破产,[①] 这些事件反过来拖垮了国内金融机构（参见表7.1和表7.2）。企业经营的低透明度和信息不公开使得外国投资者在面对金融恶化时缺少信心。在危机后期，韩国金融机构和企业部门的基本结构缺陷尤其是企业过多地依赖负债融资和金融机构发放的巨额未使用的贷款，导致了严重的信用危机，大量的企业破产和经济的萧条。

严峻的现实迫使财阀不得不进行重组。如果一意孤行，继续采用机会主义的扩张战略，结果可能会更糟。大宇为所有财阀提供了一个惨痛的教训。事实上，如果在1997年末或1998年初大宇就开始其重组计划的话，那么破产就有可能避免。但是金宇中并不试图收缩其商业帝国的规模，继续维持一贯的扩张原则，并把那次危机看成是又一个千载难逢的扩张机遇：试图兼并三星的汽车、双龙的摩托车和韩国第一银行。终于，在1999年7月，大宇的债务已经不能通过正常的收入来进行偿还，这个曾位列韩国四大财阀的集团破产了，金宇中的大宇集团永远消失在人们的视野当中。更为悲惨的是，金宇中这个过去曾被视为民族英雄的大宇舵手，最后竟然落得个逃亡海外的下场，甚至还出现了大宇员工自发出国"誓把金宇中揪回国"的过激行为。

---

① 到1998年1月，前30大财阀中的15家破产，另外还有超过20000家的中小企业破产（Cho，2001）。

表 7.1　无效率贷款（期限末数字）　　单位：兆韩元

	1997. 12	1998. 3	1998. 6	1998. 9	1998. 12
预防性	42. 8	57. 7	72. 5	N/A	N/A
低于标准（A）	43. 6	59. 6	63. 5	64. 0	60. 2
银行	31. 6	38. 8	40. 0	35. 0	33. 6
NBFI	12. 0	20. 8	23. 5	29. 0	26. 6
贷款总额（B）	647. 4	668. 7	624. 8	614. 3	576. 5
A/B（％）	6. 7	8. 9	10. 2	10. 4	10. 5

资料来源：韩国监管委员会。转引自 Sung Wook Joh（2001a）："Korean Corporate Governance and Firm Performance"，KDI Working Paper.

表 7.2　商业银行的总体收益率　　单位：10 亿韩元，%

	总资产	净收入	总资产收益率	净资产收益率
1992	167,425. 1	931. 5	0. 71	6. 56
1993	198,481. 3	889. 0	0. 62	5. 90
1994	250,081. 2	1,048. 2	0. 62	6. 09
1995	340,543. 0	867. 8	0. 38	4. 19
1996	415,437. 8	846. 9	0. 31	3. 80
1997	542,552. 8	− 3,919. 9	− 1. 06	− 14. 19
1998	560,059. 7	− 12,510. 6	− 3. 15	− 46. 15
1999	550,345. 3	− 5,996. 0	− 1. 42	− 19. 62

资料来源：金融监管委员会。转引自 Krueger, Anne O. and Jungho Yoo（2000）："Chaebol Capitalism and the Currency – Financial Crisis in Korea"，Paper presented at the NBER – Asian Crisis Conference.

二、民众情绪和行为的巨大变化

金融危机的爆发极大地动摇了民众对于财阀体制的信心。事实上，冰冻三尺非一日之寒，在过去的 30 多年尤其是 1980 年代以后，韩国财阀在国民心目中的地位已呈逐步下滑的趋势，1997 年的金融危机无非是民众不满心理的总爆发而已。

1984 年 4 月，韩国民意调查研究所曾在除了济州岛之外的全国范围之内，进行了一次广泛的《国民对财阀的认识现状调查》，调查采用了随机抽样方法，选取 20 岁以上的 735 名男性和 765 名女性被调查者。调查结果表明，韩国国民普遍认同"财阀起到了经济发展的助推器作用"，同时近三分之二的被调查者认为，财阀忽视应尽的社会责任，为了敛财不择手段（见图 7.1 和图 7.2）。1995 年三星经济研究所的一项抽样调查进一步显示了民众对于财阀的不满。① 在回答财阀形象的问题中，41.4% 的被调查者答"不好"，还有 39.8% 称"不怎么好"，也就是说有高达 81.2% 被调查者对财阀持否定态度。另据韩民族日报实施的舆论调查结果表明，② 90.5% 的被调查者同意"限制财阀控股股东的持股比例以防止家族式经营"，79.6% 的被调查者主张"财阀应以企业主业为中心进行专业化经营"，更有 62.2% 的被调查者主张分拆财阀。这些调查结果都表明，早在经济危机出现之前，财阀在韩国国民中的形象已经严重下滑，尤其是在年轻一代之中，对财阀的反感情绪非常高涨。

图 7.1　财阀在国民中的形象（%）

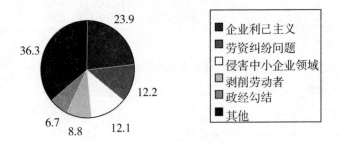

图 7.2　对财阀不满的原因（%）

资料来源：韩国民意调查研究所，《国民对财阀的认识现状调查》，1989 年 4 月。

---

① 三星经济研究所：《韩国财阀企业的形象现状》，《东亚日报》，1996 年 3 月 30 日报道。
② 本次调查是韩国民族日报委托现代调查研究所以 20 岁和 30 岁年龄层的 1200 名城市居住者为调查对象于 1994 年 12 月实施的。

三、国际货币基金组织的介入

金融危机爆发伊始，韩国试图依靠本国的力量渡过危机，但最终没能摆脱困境。在这种情况下，韩国政府不得不求助于国际货币基金组织。1997 年底 IMF 开始介入，对韩国实施了包括 570 亿美元在内的一揽子援助项目，旨在达到"尽早恢复人们的信心；把 1998 年的 GDP 衰退控制在 3% 以内，1999 年实现恢复性增长；将通货膨胀率控制在 5% 以下；在 1998 年末建立至少维持两个月进口的国际储备"的短期目标（IMF，1997）。与此同时，也对韩国政府提出了宏观经济政策和微观经济政策两方面的改革要求，前者包括货币、汇率、财政等紧缩总需求的政策，后者包括贸易自由化、资本自由化、金融部门结构调整、企业结构改革、提高劳动市场的弹性以及构筑社会保障网等有关市场机制的确立和结构调整的内容。其中，财阀体制改革成为上述一系列改革的关键。

四、金大中政府的上台

金大中政府上任伊始，在国际货币基金组织的约束条件下，锁定金融、产业、劳工和公共领域四大部门，开始进行全面的经济体制改革。能够做到这一点，除了各种有利的条件，还与金大中本人的政治与经济认识有关。

不像以前的总统，金大中带给人们的是一个值得信任的经济专家的形象（Mo，1999）。在韩国政治的现代历史上，金大中一直是一位持不同政见者。1971 年他第一次参加总统竞选时，尽管不规范行为十分普遍，但金大中仍差一点获得成功。从那以后，直到 1987 年韩国就再也没有举行过总统选举。金大中被普遍认为是为数不多的几个对韩国经济有着自己独特看法的政治家之一。在其政治生涯的早期，金大中的经济哲学思想是强调政府参与和社会公正的市场经济，就像他的《广泛参与的经济》的书名所显示的那样。但是，随着时间的演进，他的思想开始逐渐朝着"支持私人企业和市场竞争"的方向转变。他对政府与财阀关系中的政府对财阀的经济依赖十分清楚，他写道："韩国经济……受到宝贵资源被无效率配置的折磨……（这是）政府干预市场功能的几乎所有方面的结果，包括定价、信贷分配、产业定位决策和劳资关系。这种干预已使韩国经济处于一种严重的失衡状态。"（Kim，1985）经济危机使他有机会对整个韩国进行自 1960 年代以来第一次真正的改革。

我们可以从金大中政府上台初期的一些官方言论看出他的新古典式的自由经济思想。财政经济部（MDFE）的经济政策局局长宣称，"不同于金融部门的改革……在市场经济的原则下，公司部门的重构必须由公司自己发起"（Hyun，1999）。根据财政部的报告（1998），金大中政府强调，要作出"果断的决定与以前政府主导的发展模式决裂"。在金大中总统看来，正是民主的、自由的市场经济的滞后发展才导致了官僚与企业界的腐败关系以及政府的强烈的干预市场的倾向。虽然后来的发展显示，韩国政府仍在各个方面实施了广泛的干预，但在改革的初期，这样的承诺对于热切盼望彻底改革的韩国民众来说，的确有着非常大的吸引力。

第二节　韩国财阀的改革

一、企业改革的整体框架

韩国政府在向 IMF 寻求援助基金后，开始加快公司和金融的改组进程。从 1998 年始，许多韩国公司和金融机构经历了改组、个人工作能力测定、与外国公司进行战略合作对话以及国内外的购并（M&A）交易。改革的主导思想是，通过强化市场内部的竞争，改善领导结构，灵活进行企业结构调整等手段，加快实现大企业集团的专业化和子公司的独立经营，同时，执行更为严格的公司治理制度。具体的推进方向参见表 7.3。

表 7.3　推进企业结构调整的方向

①迅速整顿亏损企业
②吸收、合并（M&A）并用活外资
③改善领导结构并提高经营透明度

① "整顿亏损企业"方面的政策方向
·树立凡能拍卖的企业一律拍卖的原则
·金融机构的道德防范风险
·通过对企业进行法定管理及协商增加其复苏的可能
·努力取消相互支付担保

② "M&A 及用活外资"方面的政策方向
·提高劳动力市场的灵活性以促进结构调整
·改善公平交易法中的企业结合限制制度
·允许外国人吸收和合并企业

③ "改善企业的领导结构，提高经营透明度"方面的政策方向

·促使董事会功能正常化

·改善自有股份及控股公司制度以加快结构调整

·提供透明的会计信息等

资料来源：（韩）林阳泽：《21 世纪亚洲经济的展望与挑战》（中译本），中国社会科学出版社 1999 年版，第 153 页。

二、五大财阀的重组

在企业改组过程中，前五大财阀成为政府改革的重点。总体上看，财阀制度的改革是在一个可以被称作"5＋3"原则的框架内进行的。首先，1998 年1 月，金大中政府与前 5 大财阀达成协议，确定财阀总的改革方向是：提高企业的经营透明度；逐步取消债务互保；彻底改善财务结构，避免过度负债经营；确立主导产业部门，实行专业化经营；加强控股股东和经营者的责任。1999 年 8 月，政府进一步颁布了三项财阀改革原则：改善财阀所有的非银行金融机构的治理体制；财阀内部停止相互投资行为以及非法内部交易；防止不正当的财富积累。

在政府的协调之下，1998 年 11 月 17 日，韩国前五位大财阀与他们的主要债权银行签署了融资协定。在以下四个方面达成一致：（1）财阀将精力集中于他们核心的经营部门并清理非核心部门的子公司；（2）财阀将资产负债率降到 200％以下，通过企业资产重组、外资合作、出售资产等形式改进资本运营结构；（3）财阀要完全取消子公司之间的交叉担保；（4）财阀提出改进公司治理体系、加强公司财务方面的透明度。为了监督五大财阀重组计划的实施，五大财阀每季度要向债权银行提交计划。如果财阀未能提交计划，债权银行有权立即中止信用贷款或采取其它纠正措施。

1. 核心力量为中心的业务重组

具体包括两方面的内容：一是无生存能力的子公司的退出。那些无生存能力的子公司，有大量的资本亏损，并且其经营利润无法弥补财务成本，应该退出或重组。债权银行应立即停止向无生存能力的子公司提供新贷款，同时终止给那些被认定为无生存能力的银行提供新贷款。

二是促进核心竞争力的业务重组。财阀要把力量集中在核心业务部门，提高非核心子公司的效率。为此，在融资条约中包括在七个行业（半导体、炼

油、发电设备、船舶发动机、航空、石油化工和火车）经营的五大财阀重组的详细计划，即所谓的"大交易（Big Deal）"的内容。通过清理子公司或与核心业务不相关的业务部门，从而对财阀的业务进行重组（清理包括管理职员）、合并或与财阀集团分离。具体地，财阀分别要按如下形式重组它们的业务结构：（1）现代集团指定汽车、建筑、电子、化学和金融服务行业作为它的核心业务，同时分离出属于家族的其他子公司，还要在中期内把汽车生意转变成独立的下属集团，子公司的数目从65家降到30家；（2）三星集团把电子、金融服务、贸易服务作为核心业务，子公司数目从65家削减到40家；（3）大宇集团把汽车作为核心业务，子公司数量由41家减至7家；（4）LG集团把能源、电子、金融服务作为核心业务，子公司由53家减为30家；（5）SK集团把能源化学、电讯、建筑/流通、金融服务作为核心业务，子公司数目从42家降为20家。

2. 对过度投资的自愿重组

关于前五大财阀的业务重组，债权银行和五大财阀确立了一个可行的实施计划，并且把它融入1998年12月15日的公司结构改进计划（CSIP）中。实施计划依据以下原则进行。（1）石油化工产品、飞机、火车制造业：公司的新经营参与者将根据它们的净资产把所有权按比例分配。国内公司所有权的总额将限制在50%，其余部分开放给外国投资者。通过外国资本的进入和把债权银行的债权置换成股权，重建公司的负债率在1999年底降到200%以下。（2）发电设备和船舶发动机制造业：按照达成的协议，现代重工和三星重工将合并为韩国重工，范围涉及与发电设备和船舶发动机相关的各种资产和负债。（3）半导体产业：新建公司参加者根据协议把所有权分成7：3的比例，核心管理权益依据咨询公司的评估于1998年12月25日决定。如果该问题不能得到顺利解决，债权银行将停止新贷款，并且撤回对经营失败的公司的贷款。到1999年底，新建公司的负责率降到200%以下，为了达到这个目标，两个企业将平摊相关的费用，债权银行将提供包括债务——股权置换期在内的金融支持。（4）炼油业：债权银行将通过债务——股权转换支持财务重组，若外国资本进入，则重新确定债务日期。（5）汽车、电子业：关于汽车和电子业的重组，三星和大宇在1998年12月15日最终确定了实行方案，即把三星的汽车业务转让给大宇，大宇把电子业务转让给三星。

3. 取消交叉担保

五大财阀按规定于2000年3月底取消交叉担保。金融机构和五大财阀于

1998 年底清理了在不同业务部门之间的交叉担保。金融机构和五大财阀在不同业务部门间将不再提供和要求交叉担保。按照规定，三星、LG、SK 集团要在 1999 年底之前完全取消交叉担保，现代集团的期限是 2000 年 3 月。

4. 资本结构的改进

五大财阀和他们的主要债权银行于 1998 年 12 月 15 日修正 CSIP 计划，目的是降低每一个财阀的负债率，以确保能够以合理的成本进入到国际金融市场。修正的 CSIP 计划包括依据一些原则，进行自愿业务重组和解决交叉担保的实施计划细则。首先，通过出售非核心子公司所得资金建设自救基金（大约 20 万亿韩元）来主要用于偿付金融机构的债权。如果自救措施令人满意的话，修正后的 CSIP 会包含详细的债权—股权置换实施计划，其目的是增强集团的核心竞争力。考虑到外国直接投资，债权—股权置换将随外国直接投资自动进行。债权—股权置换后，只要企业管理令人满意，债权金融机构就无须直接参与企业管理。它们通过指派企业外部董事和独立审计师来加强对企业的监督管理。

为了确保 CSIP 彻底及时地执行，五大财阀及它们前债权银行要披露 CSIP 的主要内容，包括负债率的减少和每一季度的执行状况。当 CSIP 没有得到迅速执行，或者有违反 CSIP 的迹象，债权金融机构就会评估相关企业的生存能力，执行更为严格的重组计划，包括转移管理控制权或追索债权。

五大财阀受托要采取措施增强管理的透明度，实施过程将集中于以下几点：五大财阀从 1999 年起，开始充分地为合并财务报表作准备；五大财阀的管理控制权将转移到董事会，而且外部董事与独立审计师将实施充分的监督；五大财阀要致力于增强核心竞争力，遵从公平竞争原则，监管出现为补贴子公司而进行的不当的内部交易。

三、公司治理改革

IMF 规划的一揽子方案中特别包括了完善公司治理结构的一系列措施。韩国政府承诺要改善公司治理和公司结构。为此，政府和 IMF 达成一致，要严格落实会计标准，使其符合普遍接受的会计实践，这样将会提高公司财务报表的透明度。为了实现一个新的监管环境，以便建立有效的公司治理结构和积极的公司控制市场，在危机后的 4 年当中，韩国商法典（KCC）修改了 4 次，[1]

---

① 韩国商法典（KCC）是调整商业组织的主要法律。

韩国证券交易法案（KSEA）也做了许多修改。根据法案修订，董事和审计人员的权威增强了，股东权益提高到以往难以相信的水平。下面简要分析一下公司治理结构中的这些变化。①

1. 加强股东监督公司经营的权利

主要包括四个方面的内容：（1）降低小股东行使权利的要求。按照早期的韩国商法典，行使股东权利有最低持股要求。1998年韩国商法典修改之前是5%，这一要求对于股东特别是小股东行使股权是难以克服的障碍，其结果导致股东监督公司经营的失败。1998年韩国商法典修改后将股东行权的最低持股要求从5%降低至3%。股东行使的权力主要包括：对董事违反法律或者公司章程的行为，请求禁止令救济；要求提供用于审查的财务记录；召集特别股东会议；对于董事和审计人员从事违反法律或者公司章程行为的，请求法院解雇董事和审计人员；要求法院任命调查官对公司事务、公司记录和财务状况进行检查；要求法院解雇清算人员。与此同时，KSEA经过修改也降低了小股东行权的门坎。

（2）推行累积投票制。KCC修正案除了降低持股底限要求外，还赋予股东新的权利，在选举董事时实行累积投票制便是其一。按照规定，持有不低于公司已发行股份3%的股东有权要求公司实行累积投票制，除公司章程规定采用其它方式外，公司必须接受这一请求。作为一种投票方式，累积投票制允许众多小股东在董事会中拥有代表。采用这种方式时，每位股东可以按照董事职位增补码量将持有的股份数目成倍放大，并将这些选票集中投给一个候选人或者分散投给两个或者多个候选人。

（3）股东提议规则。KCC修正案为股东创造了一项新权利，允许股东将提议事项提交股东会议事日程。持有不低于公司已发行股份3%的股东，有权在股东会议召开前6周将其提议提交给董事。股东可以要求提议附带其它材料，也可要求将提议送交给其它股东。除非提议违反法律或者公司章程，否则董事会必须接受。此外，提议股东有权要求在股东会议上阐释提议。

（4）许可机构投资者行使投票权。1998年9月16日，证券投资信托业法案经修订后许可机构投资者直接行使投票权。此前，机构投资者不能直接投票，而是通过从事保管或者存储服务的信托公司行使股东权利。其结果是，大的持股集团不能成为控股股东（即创办财阀的家庭）权力的平衡器。证券投

---

① 本部分内容主要参考李基秀：《韩国的公司治理》，《安徽大学法律评论》2003年第2期。

资信托业法案修正归因于这一认识：在评判或者审核财阀经营时，机构投资者比个人投资者处于更为有利的地位。

2. 提高董事会的独立性和工作效率

监控功能是董事会的主要职责。但根据第五章的研究，韩国财阀的董事会显然没有履行有效的监督职能。基于这些事实，KCC 修正案专注于改革董事会，使其更加负责。主要内容包括：

（1）要求采用外部董事。韩国政府首先修订了《证券登记条例》。《条例》要求上市公司的董事会中至少 1/4 董事应当是外部董事，这些董事应当具备确保独立于公司最大股东或者控股股东的条件，违反规定者将被剥夺在韩国证券交易所进行证券交易的特权。之后，韩国政府修订了《韩国证券交易法案》（即 KSEA），该法要求上市公司通过两种途径采用外部董事制度，所有上市公司的董事会都要求有不少于 1/4 的外部董事。对于大公司而言，该数目将是 3 个或者更多，但至少有一半的董事是外部董事。

（2）要求建立董事委员会。在美国，在公众公司董事会内部设立委员会曾经是一股强烈的趋势。最普遍的三个委员会是：审计委员会、薪酬委员会和提名委员会。这些委员会主要或者完全是由不参与公司经营的外部董事组成。修订后的 KCC 规定，董事会可以按照公司章程的规定设立 1 个或者几个委员会，也可以将部分职能委托给董事小组委员会。外部董事组成的委员会应当独立于 CEO 考虑问题。比如，委员会可以对影响到 1 个或者多个董事个人利益的公司交易进行调查。这些委员会可以由 2 个或者多个董事组成，行使董事会委托的权力，但是不包括 KCC 第 393 条之 2 规定的情形，这些除外情形包括：对需要由股东大会批准的特别事项提出议案；任命和撤换代表董事；创设委员会，任命和撤换委员会成员；公司章程中规定的其它事项。

（3）要建立董事会会议记录。为提高董事会的独立性，修订的 KCC 要求，董事会会议记录应当包括会议议程、反对议程的董事名称和理由等事项。任何股东均有权查阅或者复制董事会会议记录，公司可以通过书面形式拒绝这一要求并说明理由。在此种情况下，股东可以向法院提出查阅或者复制记录的请求。这一修订的目的在于澄清董事的个人责任。

（4）要实行重大损害报告义务。对于出现可能严重损害公司利益的情形时，董事负有立即向审计人员报告的义务。这一修订表明董事应当更加关注股东利益。

3. 董事义务和责任

（1）董事的受托义务。在美国，为了使股东免受因所有权和控制权分离造成的经营权滥用，普通法将董事视为"受委托人"（Fiduciaries），对公司拥有合法的执行义务。KCC 在修改前，公司立法有四方面规定涉及到受托义务，但是并不明确董事是否负有受托义务。修改的 KCC 结束了董事是否负有受托义务（Fiduciary duty）的争论。以往，董事被要求以善良管理人的谨慎处理受托事务，这一义务出自韩国民法典中董事与公司之间的委托关系。该义务创设于民法法系国家，完全不同于英美法上的受托义务。按照该受托义务，董事基于善意管理人的勤勉职责，对公司负有义务。

（2）事实董事的责任。1998 年修改的 KCC 规定了事实董事（de facto director）或曰影子股东（shadow director）的责任。这一修改旨在控制财阀会长、控股股东或者不是董事的职员。1998 年 KCC 修正案将董事责任赋予集团会长，尽管他并不是董事。当然，这一责任并不仅仅限于会长。按照 KCC 的规定，以下三种人应当视同董事而承担董事责任：第一，利用其在公司的影响力指挥董事经营公司业务的人，应当被视为董事而承担董事责任。影子董事的典型是控股股东。但是，控股股东在股东会议上行使选举权时，不能当作影子董事，因为此时的选举权行使是合法的。与控股股东相似，母公司或者控股公司只有在为谋取自身利益而利用权力控制子公司并损害其利益时，才承担责任。除此之外，工会或者金融机构不承担影子董事的责任，因为它们对公司的影响是合法的，而且他们不参与公司的决策程序。第二，不是董事却以董事名义经营公司业务的人，应当承担董事责任。比如，一个人持有并且使用其所控制的董事的图章，应认定为董事。第三，不是董事却以名誉会长、会长、董事长、CEO、副董事长、执行官、董事等等表面上拥有授权执行公司业务资格的头衔从事公司业务，应当承担董事责任。此人可以被称为事实董事。财阀会长就是一个很好的例子。财阀协调处的负责人也应当按此规定承担责任。在一定意义上讲，明确事实董事的责任是 KCC 修改最显著的一个特点。施于此类人以董事责任不仅有利于保障公正的公司环境，而且满足了人们对公司经营透明度的要求。

4. 审计系统

（1）KCC 规定的审计官。韩国对股份公司实行强制性的内部审计官制度，对一些公司还实行外部审计官制度。股份公司至少需有一名内部审计官。内部审计官不能同时兼任公司董事、经理或者公司其它职务，这一规定旨在确保审计官的独立和审计工作的公正。内部审计官由股东大会选举产生，持有超过公司发行股份总额3%的股东在选举内部审计官时，不得就超过3%的部分进行投票。这一规定在于防止控股股东按照他们的意图选择审计官，以更加充分地代表小股东的意愿。内部审计官受权审核公司事务和资产，要求公司董事提供经营报告，向董事会报告工作，参加股东会，阻止董事的不法行为，并可以就撤销合并等事项提起诉讼。内部审计官不履行义务致使公司遭受损害的，应当共同或者单独向公司承担责任。

按照《外部审计法》，资本金超过5亿韩元（大约相当于50万美元）和总资产超过30亿韩元的公司，其财务报告应当由一名外部审计官审核，该审计官应当是具有执业资格的公认会计师或者是一家会计师事务所。外部审计官应当审计公司财务报告，并向公司提交审计报告；报告董事履行义务时的不当行为，以及对立法或章程的实质性违反；应股东要求参加股东会议，陈述意见或者回答问题。

（2）审计提名委员会。为保证外部审计的独立性，《外部审计法》在修改时要求创设一个"审计提名委员会"。按照外部审计法实施令，审计提名委员会由下列人员组成：内部审计官，不超过2名；外部审计官，不超过2名；拥有最大选举权的2名股东，但控股股东或者与其有特别关联的人除外；向公司放款最多的两家银行的总裁推荐的2名人员，但不得是控股股东或者与其有特别关联的人。这样，上市公司及其需要提交合并会计报表的附属公司应当根据审计提名委员会的推荐，在经股东大会的批准后任命外部审计官。

（3）审计官和审计委员会。为了使审计官能够按照KCC的规划有效工作，有必要提高他们的地位，保证他们法律权利的落实，并且独立于控股股东。KCC修正案试图对审计官进行下列方式的改革：第一，审计人员不得遭受不正当的免除。此规定在于防止审计人员在履行职责时，为了股东或者公司最大利益而对抗公司经营招致报复。第二，审计官有权召集股东会议。KCC修改前，只允许符合持股要求的股东和董事会召集股东会。KCC修改后，审计官通过召集股东会，可以向股东报告有争议的观点。第三，审计官任期由2年延长至3年，旨在为其提供工作安全和独立权威。第四，推行"审计委员会"制度以取代（内部）审计官制度。KCC规定，公司可以在章程中规定创设审计委员会以替代审计官制度。至于审计委员会的成员，KCC规定应当由3名以上的董事组成。在公司创设审计委员会的情况下，不要求设置审计官。

（4）维持合并财务报告制度。会计体系的变化之一是：公平交易委员会确认的 30 家最大财阀，必须强制采用"合并财务报告"制度。修改的公司外部审计法案规定，自 1999 年 1 月 1 日起，30 家最大财阀应当发布财政年度"合并"的会计报告。这一变化体现了韩国与 IMF 达成的备忘录的建议。为提高公司治理和公司结构，韩国政府和 IMF 一致认为：通过落实会计标准，使其符合普遍接受的会计实践（包括独立的外部审计、充分披露以及公司合并声明规定），包括损益报告在内的资产负债表的透明度将得到提高。这一规定旨在减少附属公司之间的交易，并要求披露集团内部交易，以使财阀事务能够完整呈现。

5. 赋予购并活力

（1）取消对上市公司股份收购的限制。过去，KSEA 不愿意局外人通过取得公司控制权获利。KSEA 禁止个人持有上市公司 10% 以上的股份，发起人持有的股份和收购的股份除外。1998 年 KCC 修正案试图进一步简化合并程序，以增加公司竞争，提高公司透明度和效率。第一，对需要特殊多数表决通过的特别事项（如兼并）的要求进行了修改。据此，参加股东会议的持有 2/3 表决权的股东即可以表决通过合并事宜。许多公众公司要符合特殊事项决议的量化要求是有困难的，因为通过这些事项至少要有半数以上有表决权的股东参加股东会。第二，对 1995 年确立的简易收购程序进行了修改。金融危机之后，重建垂危的公司和吸引资金成为耽误之急。方法就是使公司重组更加容易实施，修改后的 KCC 规定，收购公司只需要取得董事会许可即可，由此取代了股东会表决同意的强制要求。当收购公司购买目标公司 90% 以上的股份，或者目标公司的所有股东同意采用该程序时，可以采用这一程序。利用简易合并程序，公司无须单独召开股东会议获得股东批准。按照小规模合并程序的规定，大的收购公司不必召开股东会议获得股东的同意，这使得购并更加容易。大公司发行不超过公司全部股份 5% 的股票用于购买小公司时，也可以适用该程序。

（2）取消对外商投资的限制。1998 年 5 月以前，外国个人持有上市公司的股份不得超过 3%，任何一家上市公司中的外资股份总和不得超过 10%。除了浦项钢铁、韩国国营电力公司等特殊公司适用特殊规定外，这一上限现在被取消了。此外，对于收购也曾有限制，如果外国收购者打算获得目标公司 10%（1997 年的规定）、33%（1998 年 2 月份的规定）或者更多的股份，需要取得目标公司董事会的批准。这些限制在 1998 年 5 月被取消了。

（3）取消强制收购。KSEA 规定的"强制收购"从 1997 年 4 月 1 日起生效。按照法令，如果投资者打算购买目标公司 25% 以上的股份，那么它必须要购买目标公司 50% 的股份再加 1 股。这一要求也用于保护公司免遭敌意收购。但是，这一规定遭到批评，认为会妨碍国家鼓励外国在韩国公司公平投资的政策的落实，为此，1998 年废除强制收购 50% 的规则。

在公司立法多次修订后，韩国政府在 2000 年做了进一步努力来加强公司治理结构。韩国司法部 2000 年 5 月启动的《规划》断定，公司立法还将进行多次修订，并且适用新的系统。《规划》提出的要点可以分为 5 类：（1）董事和董事会；（2）加强对小股东的保护；（3）强制实行累积投票制；（4）强化优先权；（5）监督自我交易。为了改善董事和董事会，《规划》建议：董事对公司商业记录和会计账簿拥有权利；需要董事会批准的事项应当详细列明；董事负有不得披露公司事务的义务；建立查找和任命外部董事的提名委员会，以及董事对股东负有忠实义务。为了加强对小股东的保护，《规划》提议加强股东的派生诉讼，使其更加便利。为此，建议法庭判决补偿原告股东的开支，包括其胜诉时的律师费，以及潜在恢复的支出。《规划》还建议实行强制累积投票制，推行共同诉讼。关于强化优先权，《规划》建议不能拒绝股东购买公司新发行的普通股和可转换证券的权利。最后，《规划》还建议公司自我交易应当获得董事会的批准，而且董事会中的外部董事不得少于 1/2。

《规划》的许多建议将会对韩国公司治理结构产生相当大的冲击。尽管在实施的过程中会遭到财阀的强烈抵制，但从长远的角度看，这对韩国企业的健康发展是有益的，而且也是非常必要的。它不但有助于加强财阀的公司治理结构，而且也有助于韩国公司国际竞争力的恢复与提高。

结束语

在韩国政府的强力推进下，金融危机后在公司领域出现了许多显著的变化，其中三个方面尤为重要。其一，财阀的债务结构和绩效得到明显改善。危机爆发时，韩国前30大财阀的平均资产负债率高达362%，2000年已经降至不到200%；同期，企业利润率从1.4%升至5.1%。从韩国证券交易所（KSE）上市公司的总体情况看，绩效指标也不断改善。1999年，全部上市公司的平均资产负债率为160.8%，2001年下降至126.8%，2002年进一步下降至115.3%；与此同时，股本汇报率持续提高，1999年平均为16.0%，2002年提高到30.9%，2003年为31.0%。其二，公司控制权市场开始活跃，大量收购与兼并行为发生。1997年，韩国的收购与兼并案例数量为418件，2000年急剧上升至703件；2000年的第一和第二大交易的价值分别高达3.7万亿韩元（约合30亿美元）和2.9万亿韩元。其三，企业退出机制变得可信。传统上财阀体制的一个核心问题就是由于政府的隐性担保，财阀不用担心倒闭的风险。但是，金大中政府从根本上打破了这一"大马不死"的神话，一大批不堪债务负担的财阀和中小企业遭到破产。据统计，到2000年1月，前30大财阀中就有15家破产，另外还有超过20000家的中小企业破产。

与此同时，财阀的公司治理结构也大大加强。政府开始从对财阀的保护中退出，包括大宇（排名第2）、东国（排名第11）等更多的财阀被执行破产、重组等程序；恶意收购开始合法化；对小股东的保护加强；设置外部董事的强制性要求以及赋予外部董事更大的权利，此外，还执行了更为透明的信息披露制度以及国际通行的会计报表和审计制度。以股东权力、董事会构成、董事会的运作和透明度四个方面构成的公司治理指数迅速上升。2001年为16.86，2002年为20.32，2003年上升至38.39。

特别需要指出的是，通过改革公司治理系统，韩国公司的股权结构得到了改善，特别是外国投资者持有的股份比例和市值比例持续上升。一般认为这将有利于推动治理机制的国际化。1998 年时外国投资者持有韩国证券交易所（KSE）股票市值比例仅为 17.98%，2002 年迅速上升至 36%，2003 年进一步上升到 40.1%，2004 年为 41.82%。截至 2003 年底，在全部 KSE200 家指数股公司中，属于财阀附属（财阀出现在前 3 大股东中）的上市公司有 70 家，外国人持有的股份数占了全部的 23.69%，比全部 200 家公司的平均值 18.62% 高出了 5 个百分点。引进外部独立懂事的制度也取得了成效，10 大财阀的附属企业外部懂事的比例在 2002 年和 2003 年分别达到了 42.57% 和 42.46% 的水平。

在此过程中，有两件事曾在韩国国内引起巨大反响，在某种意义上，他们对于韩国财阀的发展来说，具有里程碑式的意义，其影响必将十分久远。

第一件事是韩国"大宇"被美国通用公司的收购。"大宇"破产及被通用公司收购持续了近两年，于 2002 年 4 月 30 日最终完成。如果从单个行为看，它只是众多案例中一次普通的跨国兼并活动，但如果把它放到韩国的历史进程中考察，这一事件则具有了一种典型的象征意义。事实上，在 1997 年以前的 30 多年间，除了 1985 年国际集团由于政治原因遭到破产外，从来没有任何一家排名前 30 位的财阀破产。传统的财阀制度是导致这一结果的根本原因。此外，在韩国，大财阀还一直被赋予一种超越其经济职能的社会功能，公司治理结构也一直以社会或者利益相关者为中心（stakeholder－centered），而非以股东为中心（stockholder－centered）。因此，在某种程度上，财阀也被视为韩国民族与社会精神的象征。由于这种社会感受，加上韩国民众富于传统的强烈的民族感情，使得"大宇"的被收购过程显得异常漫长和困难。但正因为如此，这一事件的最后结果也就更具有象征意义，它实际上向世界表明，韩国政企关系向法制化和市场化转型的趋势是不可逆转的。

第二件事是 2003 年 6 月 13 日韩国法庭裁定，该国第三大企业集团——SK 集团的实际领导人、SK 株式会社董事长崔泰源做假帐罪名成立，判处三年监禁。这一事件对 SK 集团造成极大冲击。和 2001 年"大宇"被通用公司收购以及大宇董事长金宇中被韩国政府全球通缉事件一样，崔泰源的被捕入狱也在韩国乃至全球引起了巨大反响。

在某种程度上，如果说"大宇"被收购代表了财阀旧的外部制度的解体，那么 SK 集团实际掌门人崔泰源的被判入狱则代表了财阀内部治理制度转变的真正开始。在金大中政府的早期改革中，主要注重的是外部治理制度的改变，如前 5 大财阀间的"大交易"和统一将财阀资产负债率降至 200% 的改革。相比之下，内部治理制度改革幅度较小，其变化主要体现在相关法律的引进上。不过，在金大中执政后期，改革重点逐渐开始转向改革财阀内部治理制度，最突出的表现就是韩国公平交易委员会多次对各大财阀内部交易的审查。崔泰源在金大中总统离职前三天被捕集中体现了这一改革的成果。卢武铉总统承袭了金大中总统的改革思想，上任伊始就誓言要根除财阀当中大量存在的贪污舞弊行为。崔泰源被判监禁三年的里程碑意义就在于，它向世人宣告，无论企业规模有多大，也无论企业对国家经济有多重要，韩国未来将再不允许企业控股股东利用对集团的控制权，进行以牺牲外部小股东和债权人利益为代价的不正当交易行为。

从财阀制度改革的推进情况看，韩国的公司治理制度正在不断走向完善。虽然其长期的发展趋势究竟如何还很难确定，但 1998 年以来的各种经验数据显示，韩国的公司治理制度正成功地向被全球标准所接受的"最优模式"（best practice）转变。从国际角度看，这也反映了各国公司治理制度的一种融合趋势。

韩国财阀制度的演进和改革，也为包括我国在内的其他新兴国家和发展中国家提供了一些值得借鉴的启示。首先，政府与企业之间必须建立一种"保持距离型"的关系。以关系为基础的经济治理和政企合谋是大多数发展中国家的共有问题，韩国的经验显示，这种关系虽然在短期内有助于经济赶超，但不利于经济的长期稳定发展，因此，必须在发展经济的同时，尽快实现政企关系向法制化和市场化的转型。其次，必须建立一套公正、有效的公司治理制度。这也是规范市场运转，保证经济和社会公平发展的基础。最后，政府必须具有持续改革的信念和决心。这是改革能否获得成功的关键。

参考文献

1. （美）奥利弗·E. 威廉姆森（2004）：《资本主义经济制度》，商务印书馆。

2. 北京大学亚太研究中心（1988）：《北大亚太研究》，中国物价出版社。

3. 姜镐珍（1991）："摸索转型与分歧的暴露：1980 年代的韩国经济"，《韩国经济的历史回顾》，韩国开发研究院。

4. ［韩］李汉久（1996）："高成本－低效率结构下的企业技术经营战略"，《韩国科学技术政策动向》，韩国科学技术政策管理研究所，第 12 期。

5. 李基秀（2003）：《韩国的公司治理》，《安徽大学法律评论》第 2 期。

6. 李维安（2001）：《现代公司治理研究》，中国人民大学出版社。

7. 肯尼思. E. 斯科特（1999）："公司治理结构和东亚：韩国、印尼、马来西亚、泰国"，《经济社会体制比较》，第 4 期。

8. 林阳泽（1999）：《21 世纪亚洲经济的展望与挑战》，中国社会科学出版社。

9. 刘洪钟（2002）：From Relation－based Economy to Rule－based Economy：Institutional Analysis on the Change of the Korean Economic Systems，《21 世纪亚洲发展之路学术论坛》。

10. 迈克尔·詹森、威廉·梅克林（1976）：《企业理论：管理行为、代理成本与所有权结构》，载于陈郁主编：《所有权、控制权与激励——代理经济学文选》，上海三联书店、上海人民出版社 1998 年版。

11. 青木昌彦、奥野正宽（1996）：《经济体制的比较制度分析》，中国发展出版社。

12. 青木昌彦等（1998）：《政府在东亚经济发展中的作用—比较制度分析》，中国经济出版社。

13. 沙希德·尤素福（2003）："新千年的东亚奇迹"，载于约瑟夫·E·斯蒂格利茨、沙希德·尤素福主编：《东亚奇迹的反思》，中国人民大学出版社。

14. 世界银行（1993）：《东亚奇迹—经济增长与公共政策》，中国财政经济出版社 1995 年版。

15. 孙永祥（2002）：《公司治理结构：理论与实证研究》，上海人民出版社。

16. 赵淳（1994）：《韩国的经济发展》，中国发展出版社 1997 年版。

17. Aghion, P. and P. Bolton（1992）： "An Incomplete Contracts Approach to Financial

Contracting ", *Review Of Economic Studies*, vol. 59, 473 ~ 494。

18. Aoki, Masahiko (2000): *Information, Corporate Governance, and Institutional Diversity - Competitiveness in Japan, the USA, and the Transitional Economics.* Oxford University Press.

19. Amsden, Alice H. (1989): *Asian's Next Giant—South Korea and Late Industrialization*, Oxford University Press.

20. Arthur, W. Brian (1994): *Increasing Returns and Path Dependence in the Economy*, University of Michigan press.

21. Bae, Kee - Hong, Jun - Koo Kang, and Jin - Mo Kim (2001): "Tunneling or Value Added? Evidence from Mergers by Korean Business Group", mimeo.

22. Bechuk, Lucian, Reinier Kraakman, and George Triantis (1998): "Stock Pyramids, Cross - Ownership, and Dual Equity: The Creation and Agency Costs of Separating Control From Cash Flow Rights", Harvard Law School Working Paper.

23. Bebchuk, Lucian A. and Mark Roe (1999): "A Theory of Path Dependence in Corporate Governance and Ownership", Working Paper, Columbia Law School.

24. Chang, Ha - Joon and Hong - Jae Park (1999): "An Alternative Perspective on Post - 1997 Corporate Reform in Korea", KERI Working Paper.

25. Chen, Min (1995): *Asian Management Systems: Chinese, Japanese and Korean Styles of Business*, Routledge.

26. Cho, Won - Dong (2001): "Corporate Reform and Restructuring in Korea", Presentation paper prepared for "The 26th Senior Policy Forum on Economic Crisis and Structural Adjustment in Korea" held in Seoul, Korea, 4 - 10 November 2001.

27. Chopra, Ajai, Kenneth Kang, Meral Karasulu, Hong Liang, Henry Ma, and Anthony Richards (2001): "From Crisis to Recovery in Korea: Strategy, Achievements, and Lessons", IMF Working Paper.

28. Claessens, Stijn, Simeon Djankov, and Larry H. P. Lang (1998a): "East Asian Corporates: Growth, Financing and Risks over the Last Decades", World Bank, mimeo.

29. Claessens, Stijn, Simeon Djankov, and Larry H. P. Lang (1998b): "Who Controls East Asian Corporations?", World Bank, December.

30. Claessens, Stijn, Simeon Djankov, and Larry H. P. Lang (2000a): "The Separation of Ownership and Control in East Asia Corporations", Journal of Financial Economics 58.

31. Claessens, Stijn, Simeon Djankov, and Larry H. P. Lang (2000b): "East Asian Corporations: Heroes or Villains?", World Bank Discussion Paper No. 409.

32. Crotty, James and Gary Dymski (2000): "Can the Global Neoliberal Regime Survive Victory in Asia? The Plitical Economy of the Asian Crisis", Working paper, Political Economic Research Institute, University of Massachusetts, Amherst.

33. Garvin, David A. (1993): "Building a Learning Organization", *Harvard Business Review*, July – August.

34. David, P. A. (1985): "Clio and the economics of QWERTY", *American Economic Review* 75.

35. Denis, D. J., D. K. Denis, and A. Sarin (1997): "Agency Problem, Equity Ownership, and Corporate Diversification", *Journal of Finance*, 52。

36. Fama, E. and Jensen M. (1983): "Separation of ownership and control", *Journal of Law and Economics*, Cambridge July。

37. Freeman, C. (1982): *The Economics of Industrial Innovation*, London: Frances Pinter.

38. Ferri, Giovanni, Kang Tae Soo and Kim In – June (2000): "The Value of Relationship Banking During Financial Crises: Evidence from the Republic of Korea", Paper presented at EURO Conference (University of Rome "Tor Vergata").

39. Ghemawat, Pankaj, and Tarun Khanna (1998): "The Nature of Diversified Business Groups: A Research Design and Two Case Studies", *Journal of Industrial Economics*, Volume XLVI.

40. Gorton, Gary and Frank A. Schmid (2000): "Universal banking and the performance of German firms", *Journal of Financial Economics* 58。

41. Goto, Akira (1982): "Business Groups in a Market Economy", *European Economic Review*, 19。

42. Gray, Cheryl W. (1998): "Corruption and Development", *Finance and Development* 35, No. 1, March.

43. Grossman, S. and O. Hart (1982): "Corporate Financial Structure and Managerial Incentive", In. Mccall, ed., *the Economics of Information and Uncertainty*. Chicago: University of Chicago Press。

44. Hahn, Chin Hee (2000): "Implicit Loss – Protection and the Investment Behavior of Korean Chaebols", in Inseok Shin eds. *The Korea Crisis: Before and After*. Seoul: KDI.

45. Hattori, T.: "Comparison of large corporations in Korea and Japan", in Lee, H and Chung K eds. *The structure and Strategy of Korean Corporations*, Seoul 1986。

46. Hyun, Oh – Seok. (1999): "Korea's Corporate Governance System: Under the Remedies", Paper presented at the Conference on 'Corporate Governance in Asia: A Comparative Perspective' Organization for Economic Cooperation Development in cooperation with the Korea Development Bank and with the co – sponsorship of the Government of Japan and the World Bank.

47. IMF (1997): "Korea: Request for Standby", December 3。

48. Immergut, Ellen M. (1998): "The Theoretical Core of the New Institutionalism",

Politics and Society 26 (1)。

49. Jang, Jiho (2001): "The State Activism toward the Big Business in Korea, 1998 – 2000: Path Dependence and Institutional Embeddedness", Paper prepared for delivery at the 2001 Annual Meeting of Midwest Political Science Association, Chicago, April 19 ~ 22, 2001.

50. Joh, Sung Wook (1999): "Control, Ownership and Firm Performance: The Case of Korea", Paper presented at the World Congress of Econometric Society, August 2000.

51. Joh, Sung Wook (2001a): "Korean Corporate Governance and Firm Performance", KDI Working Paper。

52. Joh, Sung Wook (2001b): "Corporate Governance and Firm Profitability: Evidence from Korea Before the Economic Crisis", Paper presented at the 12th Annual NBER Seminar on the East Asian Economics and the World Congress meeting。

53. Joh, Sung Wook and Ryoo Sang Dai (2000): "Evolution of Changes in the Corporate Governance System of Korean Chaebols", Paper presented at the PAFTA Conference 2000.

54. Jung, Ku Hyun (1987) "Growth Strategies and Structure of. Korean Firms", Korea Chamber of Commerce and Industry, Seoul.

55. Jwa, Sung – Hee, Jung – Hwan Seo (2000): "Industrial Policies and the Chaebol", In Jwa and Lee eds. : *Korea Chaebol in Transition: Road Ahead and Agenda.* Korea Economic Research Institute.

56. Kang, Myung Hun (1996): *The Korea Business Conglomerate: Chaebol Then and Now*, Library of Congress Cataloging – in – Publication Data.

57. Kang, David C. (2000): "Bad Loans to Good Friends: Money Politics and the Developmental State in Korea", forthcoming in *International Organization*.

58. Kang, David C. (2001): "Transaction Costs, Crony Captalism, and Economic Growth in Korea and the Philippines", Tuck School of Business Government Department Working Paper, Darthmouth College.

59. Khan, Haider A (2001): "Corporate Governance: The Limits of the Principal – Agent Approach in Light of the Family – Based Corporate Governance System in Asia", working paper.

60. Khanna, Tarun (2000): "Business Groups and Social Welfare in Emerging Markets: Existing Evidence and Unanswered Questions", *European Economic Review*, 44。

61. Kim, Euiyoung (1999): "The State' s Authority in the Organizing of the World of Business: Corporatist Business Interest Representation in South Korea", *Asian Perspective*, vol. 23, No. 2.

62. Kim, Eun Mee (1988): "From Dominance to Symbiosis: State and Chaebol in Korea", *Pacific Focus*3 (Fall).

63. Kim, Eun Mee (1997): *Big Business, Strong State: Collusion and Conflict in South*

Development, 1960 ~ 1990, State University of New York Press。

64. Kim, Hicheon, Jung Wha Han, and Robert Hoskisson (2000): "An Evaluation of Korean Business Groups: Resource, Organization, and Business Portfolios", in Sung – Hee Jwa and In Kwon Lee eds. *Korean Cheabol in Transiton: Road Ahead and Agenda*, Korea Economic Research Institute。

65. Kim, Jong – Seok (1996):: "Korea' s Regulatory Reform: A Critical Review", *Korea' s Economy* 1996. Washington. DC: Korea Economic Institute of America.

66. Kim, Mann – kyu (2000): "An Assessment of Korean Political Culture: System and Actualities since the End of the 1980' s", *Pacific Focus*, Vol. XV. No. 2.

67. Komm, Asmus (1999): "Control Structures in Korean Conglomerates", Mimeo.

68. Krueger, Anne O. and Jungho Yoo (2000): "Chaebol Capitalism and the Currency – Financial Crisis in Korea", Paper presented at the NBER – Asian Crisis Conference.

69. Krugman, P. (1994): "The myth of Asia's miracle", *Foreign Affairs*, 73 (6).

70. Krugman, Paul (1998): "What Happened to Asia?", Unpublished manuscript, January 1998.

71. Lall, S. (1980): "Developing Countries as Exports of Industrial Technology", *Research Policy*, Vol. 9.

72. La Porta, Rafael, Florencio Lopes – de – Silanies, and Andre Shleifer (1999): "Corporate Ownership Around the World", *Journal of Finance* 54.

73. Lee, Chung H. (1992): "The Government Financial System and Large Private Enterprise in the Economic Development of South Korea", *World Development*, Vol. 20, No. 2.

74. Lee, Chung H. , Keun Lee, and Lee Kangkoo (2000): "Chaebol, Financial Liberalization, and Economic Crisis: Transformation of Quasi – internal Organization in Korea", Working Paper, University of Hawaii.

75. Lee, Dong Gull (2001): "Case Study of Daewoo Restructuring", Fiancial Economics Series No. 2001 – 01, Korea Institute of Finance.

76. Lee, Jwa (2000): "Chaebol Restructuring Revisited: A Coasian Perspective", In Jwa and Lee eds. , *Korea Chaebol in Transition: Road Ahead and Agenda*. Korea Economic Research Institute.

77. Lee, J. Z. , Z. T. Bae and D. K. Choi (1988): "Technology Development Processes: A Model for a Developing Country with a Global Perspective", *R&D Management*, 18 (3).

78. Lee, Keun (1999): "Corporate Governance and Growth in the Korean Chaebols: A Microeconomic Foundation for the 1997 Crisis", Working Paper, Seoul National University.

79. Lee, S and S. Yoo (1987): "The K – Type Management – A driving Force of Korean Prosperity", in MIR Vol. 27。

80. Lew (1999): "Democratization and Government Intervention in the Economy—Insights on the Decision – Making Process from the Automobile Industrial Policies", In Jongryn Mo and Chung – in Moon, ed. *Democracy and the Korean Economy*, Hoover Institution Press.

81. Li, John Shuhe (2000): "The Benefits and Costs of Relation – based Governance: A Explanation of the East Asian Miracle and Crisis", Working Paper, City University of Hong Kong.

82. Lim, Phillip Wonhyuk (2000): "Path Dependence in Action: The Rise and Fall of the Korean Model of Economic Development", Korea Development Institution, Seoul.

83. Lim, Phillip Wonhyuk (2001): "The Evolution of Korea's Development Paradigm: Old Legacies and Emerging Trends in the Post – crisis Era", ADB Institution Working Paper.

84. Lucas, Robert E. (1993): "Making a miracle", *Econometrica*, 61。

85. Macey and Miller (1995): "Corporate Governance and Commercial Banking: A Comparative Examination of Germany, Japan, and The United States", *Stanford Law Review*, 48。

86. Margolis, Stephen E. and Liebowitz S. J. (1997): "Path Dependence", Working Paper.

87. Mauro, Paola (1995): "Corruption and Growth", *The Quarterly Journal of Economics* 110 (August).

88. Mansfield E. (1968): *Industrial Research and Technological Innovation*, New York: W. W. Norton.

89. Ministry of Finance and Economy (1998): *Challenge and Chance: Korea's Response to the New Economic Reality*. Seoul: MOFE.

90. Mo, Jongryn (1999): "The Politics of Economic Reform: South Korea", Working paper.

91. Mo, Jongryn and Chung – in Moon (1999): "Epilogue: Democracy and the Origins of the 1997 Korean Economic Crisis", In Jongryn Mo and Chung – in Moon, ed. *Democracy and the Korean Economy*, Hoover Institution Press.

92. Montgomery, Cynthia A. (1994): "Corporate Diversification", *Journal of Economic Perspective*, Vol. 8, Issue 3。

93. Moon, Chung – in (1999): "Democratization and Globalization as Ideological and political Foundations of Economic Policy", In Jongryn Mo and Chung – in Moon, ed. *Democracy and the Korean Economy*, Hoover Institution Press.

94. Nam, Chong, Kim Joon – kyung, Kang Yeongjae, Joh Sung Wook and Kim Jun – Il (2001): "Corporate Governance in Korea", in OECD ed., *Corporate Governance in Asia: A Comparative Perspective*, 2001。

95. Nam, Il Chong, Yeongjae Kang, and Joon – Kyung Kim (1999): "Comparative Corporate Governance Trends in Asia", OECD and Korea Development Institute Conference, Corpo-

rate Governance in Asia: A Comparative Perspective, Seoul, 3 ~ 5 March 1999.

96. Nam, Sang – Woo (1999): "Korea's Economic Crisis and Corporate and Govern-ance", working paper, KDI School of International Policy and Management, Seoul, South Korea.

97. Nelson, R. and S. Winter (1977): "In Search of Useful Theory of Innovation", *Research Policy*, Vol. 6.

98. Nestor, S. and J. Thompson (1999): "Corporate Governance Patterns in OECD Econo-mies: Is Convergence Under Way?", OECD and Korea Development Institute Conference, Corpo-rate Governance in Asia: A Comparative Perspective, Seoul, 3 ~ 5 March。

99. OECD (1999): "Principles of Corporate Governance ", Paris: OECD.

100. Orru, Marco (1997): "The Institutional Logic of Small – Firm Economies in Italy and Taiwan", In Marco Orru, Nicole Woolsey Biggart, and Gary G. Hamilton Ed. , *The Economic Or-ganization of East Asian Capitalism*. London: Sage Publications.

101. Penrose, Edith T. (1959): *The Theory of the Growth of the Firm*, Oxford: Basil Blackwell, Reprinted 1995, Oxford: Oxford

102. Pierson, Paul and Theda Skocpol (2000): "Historical Institutionalism in Contempora-ry Political Science", Paper Presented at the American Political Science Association Meetings, Washington D. C.

103. Prowse (1990): "Institutional Investment Patterns and Corporate Financial Behavior in the United States and Japan", *Journal of Financial Economics*, 27。

104. Qian, Qingyi (1999): "The Process of China's Market Transition (1978 ~ 98): The Evolutionary, Historical, and Comparative Perspectives", Paper prepared for the *Journal of Institutional and Theoretical Economics* symposium on "Big – Bang Transformation of Economic Sys-tems as a Challenge to New Institutional Economics", June 9 ~ 11, Wallerfangen/Saar, Germany.

105. Qian, Qingyi (2000): "The Institutional Foundations of Market Transition in the Peo-ple's Republic of China", ADB Institute Working Paper Series No. 9.

106. Rajan, Raghuram G. , and Luigi Zingales (1998): "Which Capitalism? Lessons from the East Asia Crisis", *Journal of Applied Corporate Finance* 11.

107. Rumelt, R. (1974): *Strategy, structure and economic performance*. Boston, MA: Harvard University Press.

108. Sahal (1981): *Patterns of Technological Innovation*, Reading, Mass: Addison – Wesley.

109. Schmidt, Reinhard H. and Gerald Spindle (2000): "Path Dependence, Corporate Governance and Complementarity", Working Paper, Johann Wolfgang Goethe – Universitat.

110. Shin, Inseok and Joon – Ho Hahm (1998): "The Korean Crisis: Causes and Resolu-tion", KDI Working Paper 9805, Korea Development Institute.

111. Shleifer, Andrei and Robert W. Vishny (1997): "A Survey of Corporate Governance", *Journal of Finance* 52.

112. Song, Min Sup (2000): "Korea's Fast Recovery: The Role of Macroeconomic Policies and Reform Programs", *Social Science* 410.

113. Teece, D. J. (1980): "Economies of Scope and the Scope of the Enterprise", *Journal of Economic Behavior and Organization*, 1。

114. The Bank of Korea (2002): "Financial System in Korea"。

115. The Economist (1995): "A Survery of South Korea", June 3.

116. Wade, Robert (1990): *Governing the Market: Economic Theory and the Role of Government in East Asian Industrialization.* Princeton University Press.

117. Weinstein, David, and Yishay Yafeh (1998): "On the Cost of a Bank Centered Financial System: Evidence from the Changing Main Bank Relations in Japan", *Journal of Finance* 53.

118. Williamson, Oliver E. (1985): *The Economic Institutions of Capitalism.* New York: The Free Press.

119. Woo – Cumings, Meredith (2001): "Diverse Path toward the 'Right Institutions': Law, the State and Economic Reform in East Asia", ADB Institute Working Paper.

120. Yoo, Seong Min (1997): "Evolution of Government – Business Interface in Korea: Progess to Date and Reform Agenda Ahead", KDI Working Paper.

121. Yoo, Seong Min and Sung Soon Lee (1997): "Evolution of Industrial Organization and Policy Response in Korea: 1945 ~ 1995", In Cha, Dong, Kwang Suk Kim and Dwight Perkins ed. , *The Korean Economy* 1945 ~ 1995: *Performance and Vision for the 21st Century.* Korea Development Institute.

122. Yoo, Seong Min and Lim Youngjae (2000): "Big Business in Korea: New Learning and Policy Issues", In Judd, Kenneth and Young Ki Lee edt. *An Agenda for Economic Reform in Korea —International Perspectives.* Hoover Institute Press Publication No. 465.

123. Zeile, W. (1989): "Industrial Policy and Organizational Efficiency: The Korean Chaebol. Examined", Program in East Asian Business and Development Research, Working. Paper。

124. Zhuang, Juzhong, David Edwards and Ma. Virgnita A. Capulong (2001): "Corporate Governance and Finance in East Asia: A Study of Indonesia, Republic of Korea, Malaysia, Philippines, and Thailand", Asia Development Bank.

125. Zingales, Luigi (1997): "Corporate Governance", NBER Working Paper No. 6309.